KB275220

김해여성인물사

 발간사

 '김해인물연구회'는 2018년부터 김해와 관련된 인물을 연구하는 단체로 활동하고 있습니다. 2020년 '강진문화원'이 발간한 『강진여성인물사』를 전해 읽으며 우리도 김해에서 활동한 여성들의 자료를 모아 『김해여성인물사』를 발간하면 좋겠다는 꿈을 품었습니다.

 올 초 우리 회가 발간해 온 『해동이(토더기)가 전하는 김해인물 이야기』 시리즈 4권에 수록될 글을 모으면서 그동안의 글만 잘 간추려도 '김해 여성 인물' 책을 발간할 수 있겠다는 생각으로 가볍게 출발했습니다.

 우리 회 연관 자립단체인 독서모임 '한뫼책방'에서 김금수 작가를 추천했고, '헌쇠도서관'에서 이광희 작가를, 우리 회에서는 금지은 시인을 추천했습니다. 김해의 여성 관련 책을 발간하는 만큼 '김해여성복지회관' 관장 변정원 동시인께도 간곡한 부탁의 말씀을 드려 필자로 함께 모셨습니다.

 책 속에는 이곳 김해와 관련된 질곡의 시대를 풍미한 여성들의 삶이 있습니다. 김해와 부산, 마산에서 처음으로 항쟁의 태극기를 흔들었던 어린 학생들과 교사, 그리고 만주벌판을 누비며 험한 독립의 길을 걸었던 민족의 선구자들을 만나는 한편 우리 강토와 자신의 영혼을 일제에 바쳐 부귀영화를 누리다 해방 후 반민특위에 처음으로 끌려왔던 민족 반역자도 만날 것입니다.

임진왜란 때 포로로 끌려가 동양의 도자기를 세계로 전한 여성과 고국에 현대 무용을 뿌리내리게 한 여성을 만나고 불우한 시대에 남편들을 잃고도 꿋꿋한 삶을 거룩하게 살아낸 두 분의 김해 며느리도 만날 것입니다.

한반도 역사 속 최초의 이주여성인 가야국 왕후에서부터 재직 중 갑자기 돌아가신 교육감에 이르기까지 애써 모은 열여덟 여성의 삶과 마주해 주십시오.

이 기록이 오늘을 사는 여러분에게 소중한 교훈이 되길 바라며, 지난 반년간 책 발간의 총괄 책임을 맡아 수고하신 우리 회 사무국장 류은주 작가님을 포함한 다섯 작가님께 깊은 감사를 드립니다.

아울러 출간을 위해 헌신하신 허수정 김해시의원님과 장판규 김해시기획조정실장님의 세심한 애정에도 깊이 감사합니다.

2025년 12월

김해인물연구회 회장 김지관

김해인물연구회

강길수 금지은 김 결 김기영 김대승 김수호 김은숙 김의송

김주영 김지관 김창오 김희순 노규현 노은주 류은주 박보향

박상윤 박시영 박영식 박혜경 신현승 유수봉 유행두 이경우

이복희 이상화 이윤정 임혜수 임혜인 장어린 전정철 조상훈

최원호 최희원 하성재 허현구

한뫼책방

금지은 김금수 김성규 김수호 김지관 박보향 이복희 이상화

임혜수 임혜인 정혜경 조상훈 허수정

헌쇠도서관

금지은	김 결	김금수	김수호	김의송	김정심	김주영	김희순
나해진	노규현	박상윤	박영철	박혜경	송진수	송호석	신현승
윤지홍	이경우	이광희	이복희	이윤정	이홍숙	임혜수	전정철
정대원	조상훈	조영욱	최영주	허수정			

김해여성복지회관(이사진)

관장
변정원　배혜숙　나갑순　최선화　윤정해　정영선　진혜정　허모영

황주영　이나열　이현미

» 독립운동가

» 예술인

» 여성 리더

【 일러두기 】

- 이 책에서는 단체 이름의 띄어쓰기를 통일하여 모두 붙여 썼습니다.
  [예: 조선불교여자청년회]

- 직접 인용한 글은 인용 원문의 표현을 존중하여 오탈자만 최소한으로 수정했습니다.

- 인물 이름은 한국민족문화대백과사전을 기준으로 현행 표준어 맞춤법에 따라 적되,
  현지 표기가 다른 경우 처음 한 번은 함께 적었습니다.
  [예: 임민호(현지 표기: 림민호, 林民鎬)]

- 1919년 3월 1일부터 시작된 독립운동을 부르는 다양한 명칭이 있으나, 이 책에서는
  '3·1 운동'으로 통일하여 사용했습니다.

1

1860~1938

조순남

: 기록으로 역사를 지킨 여성 독립운동가

류은주

〉함안에서 김해로 이어진 학문의 뿌리

조순남(趙順男, 1860-1938) 선생은 1860년 경상남도 함안군 칠원면에서 태어났다. 조선 중기 저명한 학자인 간송 조임도(澗松 趙任道, 1585-1664)의 직계 후손이다. 조임도는 남명학과 퇴계학의 융화를 위해 노력했으며, 1634년 김해의 신산서원(新山書院) 원장을 지냈을 만큼 김해 지역 유림에게 큰 영향을 끼친 인물이다.

이처럼 조순남 선생의 집안 내력은 그녀의 학식과 깊은 연관이 있다. 선생은 시집올 때 서적 『澗松堂 奉先儀(간송당 봉선의)』와 『史要取選(사요취선)』을 가져왔다. 이런 점에서 그녀가 선조 조임도의 유교적 가르침과 당대의 지적 소양을 깊이 익혔으리라 짐작된다. 조 선생은 15세에 김해 장유 내덕의 김기환에게 시집을 오게 되는데 가문의 축문과 제문을 도맡아 지을 만큼 수준이 높았다.

이는 후일 『김승태 문세운동가』라는 위대한 역사 기록을 남길 수 있었던 정신적 토대가 되었다. 기록 당시 선생의 나이는 60세였다.

〉『김승태 문세운동가』: 비극의 현장을 담은 구국(救國)의 기록

조순남 선생의 『김승태 문세운동가』는 작품 말미에 "흥만됴씨부인이ᄌ식기린소회가라(함안조씨 부인이 자식 기린 소회가라)"와 같이 자신의 신분과

작품의 의도를 밝히고 있다.[1]

여기서 말하는 김승태(金升泰, 1878–1940)는 조순남의 아들이자 장유의 3·1 운동(3·1 만세운동)을 이끈 핵심 인물이다. 1919년 4월 12일 장유 무계리장터에서 선두로 태극기를 들고 독립 만세 시위행진을 했으며, 이로 인해 징역 2년 형을 받고 옥고를 치렀다. 1990년 건국훈장 애족장(1977년 대통령 표창)으로 추서된 김해의 인물이기도 하다.

마지막 부분의 '자식 기린 소회가'라는 대목은 이 기록을 일제의 감시로부터 보호하고자 의미를 축소, 위장한 대목이라 여겨진다. 그러나 이 작품은 당대 여성의 기록문학 수준을 뛰어넘는 압도적인 문학성과 생생한 현장감을 자랑하며, 단순한 개인 기록을 넘어선 '구국 내방가사'로 평가받고 있다.

◟ 뛰어난 묘사와 생생한 현장감

작품은 1919년 4월 12일 선생의 아들 김승태 지사가 주도한 장유 3·1 운동의 전개 과정, 일본 기마대 연행, 투옥 및 재판 과정, 출소 이후 분위기 등 당시 긴박했던 1년간의 상황을 8,800여 자의 친필 한글 내방가사(조선시대 양반 집안의 여성들 사이에 유행한 문학) 형식으로 상세히 기록한 작품이다. 마치 카메라로 찍어낸 듯 생생한 묘사가 현장감을 더한다.

---

1. 이홍숙 주해서, 『조순남의 내방가사 '김승태 만세운동'』에서 「내방가사《김승태 만세운동가》에 관한 연구」 논문 206쪽.

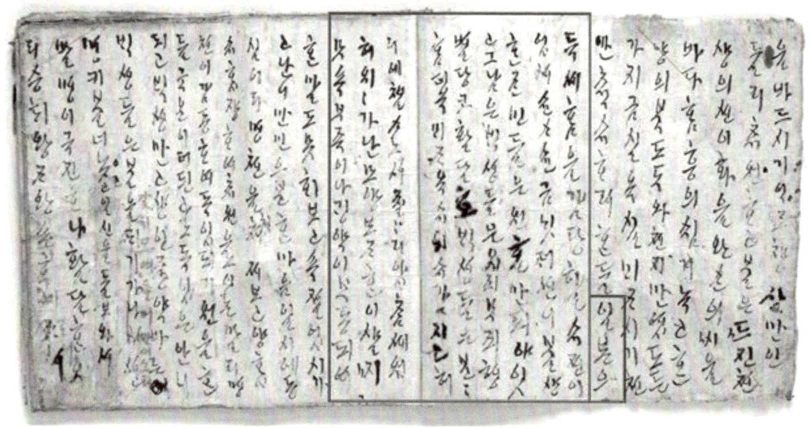

"일본으 득세흠을 감당할 슈 젼이 없셔 슌ᄉ 슌금 넛쎠션니 불샹흔 ᄌ민들은 원혼만 되야 잇고 그 남은 빅셩들은 유죄무죄 형벌 당코 활달흔 빅셩들은 분분함 더욱 미ᄌ 옥슈위슈 가가지고 허리에 쳘ᄉ로셔 쥴쥴리 압참 셰워 허위허위 가는 모양 보자 하니 살ᄍ무속 부족이나 강약이 부동되여 흔 말도 못해 보고…"

(원문 활자)

"일본의 득세(得勢)함을 감당할 수 전혀 없어 순사(巡査) 순검(巡檢)이 나서니 불쌍한 나라 잃은 백성들은 원혼(冤魂)만[2] 되어 있고 그 남은 백성들은 유죄무죄(有罪無罪) 형벌 당하고[3] 활달한 백성들은 분분(忿憤)함 더욱 맺어 옥수위수(獄

---

2. 이홍숙 「김승태 만세운동가」 주해서에 따르면, 여기서 말하는 원혼은 김해 장유 3·1 운동 과정에서 순국한 애국지사 김선오(1865-1919), 김용이(1891-1919), 손명조(1884-1919) 지사를 뜻한다.

3. 죄가 있든 없든 형벌을 당함.

김해여성인물사

[囚]圍[囚])[4] 가가지고 허리에 철사로써 줄줄이 앞참[5] 세워 허위허위 가는 모양을 보자 하니 살지무석(殺之無惜) 부족(不足)이나[6] 강약(强弱)이 부동(不同)되어 한 말도 못해보고…."

—「김승태 만세운동가」 이홍숙 주해서 중에서[7]

이러한 묘사는 만세운동의 잔혹한 실상을 고발하는 역사적 사료로서의 가치를 극대화한다.

⟩ 수준 높은 비유와 고전적 표현

조순남 선생은 해박한 지식을 바탕으로 작품 곳곳에 수준 높은 비유와 고전적 표현을 사용하고 있다. 일제의 무도함을 역대 최고 문장가들의 고사를 끌어다가 비유하며 비판했으며, 아들의 애국 행위를 유교적 가치관에 입각한 역사적 위대성으로 승화시켰다. 이러한 문학적 깊이와 운율은 작품을 단순한 기록이 아닌 예술의 경지로 끌어올린다.

---

4. 옥에 갇힌 사람.
5. 앞장의 경상도 방언.
6. 죽여도 아깝지 않을 정도로 죄가 무겁다.
7. 이홍숙 「김승태 만세운동가」 주해서 30~31쪽.

이홍숙[8] 창원대 외래교수는 『김승태 문세운동가』의 기록에 대하여 "당대 여성으로서 조순남 여사가 가진 남다른 역사의식은 여타의 내방가사가 여성의 생활에 치중되어 있는 장르적 범주를 능가하고 있다"라며 "이 점에서 만세운동가가 지니는 차별화된 높은 문학적 가치를 찾을 수 있다"라고 평가한다.

⟩ 김승태의 의거를 지지한 어머니의 숭고한 애국심

『김승태 문세운동가』의 가장 감동적인 부분은 자식을 향한 절절한 모성애와 나라를 향한 단호한 기개가 충돌하면서도 조화를 이루는 지점이다.

조순남 선생은 아들의 의거가 개인의 안위를 넘어선 숭고한 애국 행위임을 인식하고, 아들에게 나라를 위해 몸을 아끼지 말 것을 강조하며 그 뜻을 굳건히 지지한다. 이는 사대부 집안의 여성으로서 유교적 이념과 애국심을 바탕으로 아들의 독립운동을 적극적으로 독려한 강인한 정신의 발로였다.

동시에, 아들이 옥에 갇히고 고난을 겪는 모습에 어머니로서의 슬픔과 고

---

8. 이홍숙 교수는 김해문화원의 향토사 연구 사업을 통해 2년에 걸쳐 조순남의 『김승태 문세운동가』를 연구 분석하여 2022년 『조순남의 내방가사 '김승태 만세운동가'』 주해서를 펴냈다. 이홍숙 교수의 연구가 있기 전까지는 기록지의 이름이 '자식소회가'로 소개되기도 했다. 또한 이 교수의 연구를 통해 표지 '김승태 ○○ ○○가'의 '만세운동'이란 글을 물로 지우는 등, 조순남 선생이 이 기록의 보존을 위해 노력한 부분이 밝혀졌다. 주해서에는 「김승태 만세운동가」의 현대문과 주해 외에도 관련한 역사적 기록지와 장소의 사진, 원문 사진, 원문 활자, 이홍숙 교수의 논문 「내방가사《김승태 문세운동가》에 관한 연구」 등이 실려있다.

통도 숨김없이 드러낸다. 그녀는 만세운동 이후 아들이 징역형을 받고 고초를 겪는 과정과 마을 주민들이 배를 빌려 면회를 가는 장면 등을 자세히 기록하며 아들의 고난에 함께하는 어머니의 아픔을 보여주고 있다.

〉 김해 장유 3·1 운동과 여성의 기록 독립운동

1919년 4월 12일, 김해 장유 3·1 운동은 내덕에서 출발하여 무계장터를 기점으로 무려 3,000여 명 이상의 백성이 모여 독립 만세를 외쳤다. 지금처럼 스마트폰이 있어서 연락이 수월하던 시절도 아닌데, 그 모인 수를 고려하면 실로 놀랄 일이다. 장유의 만세 시위는 여러 면에서 격렬했다. 현장에서 3명의 지사가 순국하고 12명이 투옥되는 비극을 낳았다. 이런 장면을 꼼꼼히 기록하면서 조순남 선생은 여러 생각을 했을 것이다. 1년간의 기록을 통해 옥살이하는 아들에 대한 애달픔도 있었겠고 비통한 조국의 상황을 어떻게든 후대에 꼭 알리고 싶은 애국심도 발휘되었을 것이다.

〉 100년의 숨결, 꼭꼭 숨겨 지켜낸 기록

조순남 선생의 가장 위대한 독립운동은 기록과 보존이라 해도 과언이 아니다. 선생은 기록이 일제에 넘어갈 경우 발생할 위험을 알았기에, 표지의 "만세운동"이라는 글씨를 물로 지우고 아들의 집이 아닌 자신의 본가(김승태의 외가)에 이 기록을 맡겨두었다. 이로써 『김승태 무세운동가』는 100년이 넘는 시간 동안 조씨 집안에서 숨을 죽인 채 꼭꼭 숨겨져 비밀리에 보전될 수 있었다.

이 기록은 마침내 2005년 장유 3·1절 기념식장에서 후손들에 의해 김해시에 기증되면서 세상에 빛을 보게 된다.

김해시가 2005년 3·1절 기념식장인 용두산에서 『김승태 무세운동가』 원본 자료를 기증받는 장면. 후손인 조모 씨가 당시 김해시 부시장에게 전달.

﹥ 사라진 기록을 되찾은 김해 시민의 노력

역사적인 기록이 빛을 본 후에도, 보존에 관한 극적인 에피소드가 이어진다. 기증받은 『김승태 무세운동가』가 시청에서 행방불명된 것이다. 당시 시청은 자료 인수 후 관련 대장에 등재를 하지 않아 공식적으로 기증 사실조차 부인하는 상황이 발생했다. 이에 이광희 전 김해시의원이 이 문제를 본회의 5분 발언과 기자회견을 통해 강력하게 제기하며 시의 부실한 자료 관리를 질타하고 원본의 행방을 끈질기게 추궁했다. 이 노력 끝에, 기증받은 지 14년이 지난 2019년에야 이 귀중한 사료는 김해시청 본관 지하 제4기록보존실 철제 서가(모빌 랙)에서 봉투에 담긴 채 극적으로 발견된다.

『김승태 모세운동가』는 김해 독립운동의 귀중한 기록이자, 조순남 선생의 뛰어난 문학성과 숭고한 어머니의 마음, 그리고 후대에 역사를 전하고자 했던 시대정신이 담긴 여성 독립운동사 연구의 핵심 자료이다.

조순남 선생의 목숨을 건 기록과 보존 노력뿐만 아니라, 후대 김해 시민의 각성과 헌신적인 노력이 더해져 비로소 온전한 가치를 인정받고 국가기록원 복원을 거쳐 오늘날 김해의 자랑스러운 기록 문화유산으로 자리매김할 수 있게 되었다. 현재는 김해 한글박물관에서 원본을 전시하고 있다.

김해한글박물관 전시 모습

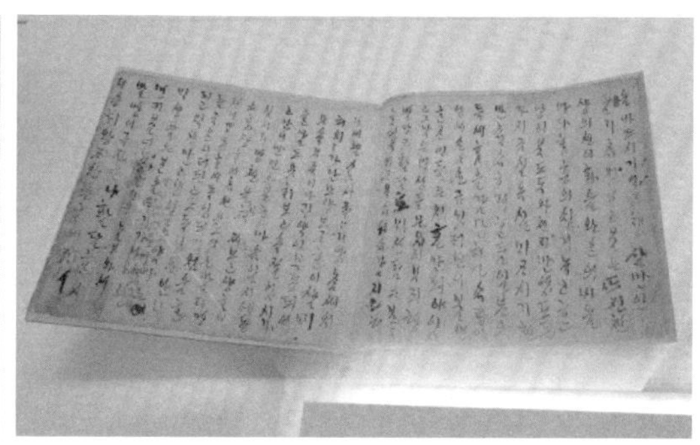

한글박물관에 전시된 『김승태 모세운동가』 원본

조순남 선생의 삶은 단순히 독립운동가의 어머니를 넘어, 역사의 기록을 통해 독립운동을 완성한 주체적인 여성 독립운동가의 전형을 보여준다. 사회 활동이 제한적이던 시대에 붓을 들어 치열한 현장을 담아내고, 그 기록이 후대에 전해지도록 자신의 목숨을 걸고 보존한 행위 자체가 숭고한 독립운동이었다.

선생의 뛰어난 문학적 역량과 깊은 역사 인식은 『김승태 문세운동가』라는 위대한 기록을 낳았으며, 이 기록은 후대에 전해져 지역 독립운동사의 정통성을 확립하는 결정적 증거가 되었다. 조순남 선생은 여성의 몸으로 독립운동의 정신을 계승하고 역사를 수호함으로써, 김해 지역민에게 강한 자긍심을 심어준 김해여성인물사의 대표적인 인물이라 하겠다.

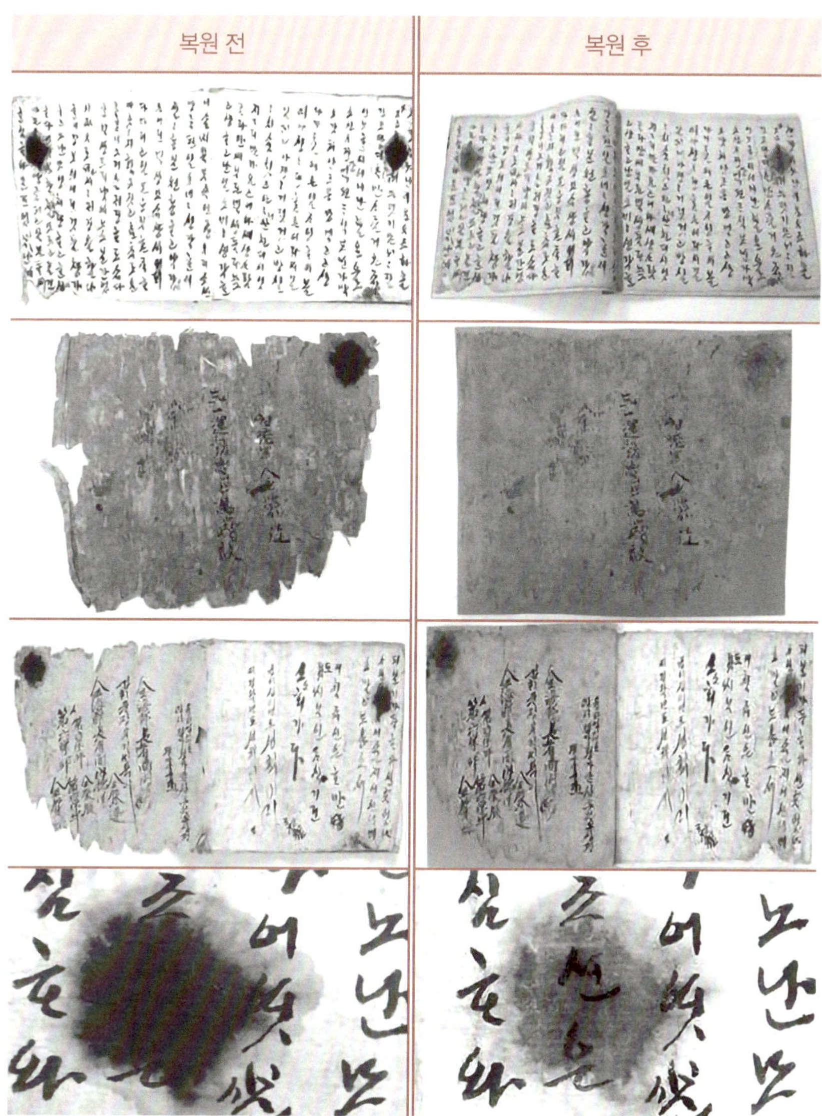

『김승태 만세운동가』 복원 전, 후 모습 (사진 출처: 한경닷컴)

1889~?

우봉운

: 민족분단이 안타까웠던 여성 독립운동가

이광희

드물게 남아있는 우봉운의 초상 / 왼쪽의 사진은 동아일보에 게재된 사진으로 알려져 있고, 오른쪽의 사진은 1930년대로 표기되어 있다. (사진 출처: 한국지역문학관 티스토리 블로그, 경남문학관, 김해문학)

⟩ 분단으로 더 이상의 소식이 막힌 김해 출신 여성 독립운동가

김해 출신 여성 독립운동가로 국내외를 넘나들며 남다른 기개와 지도력으로 독립운동과 여성운동을 이끌었던 분이 있다. 그러나 이 분은 민족분단으로 더 이상 만나볼 수 없는 김해의 여성 인물이다. 자주, 통일의 기치를 운명처럼 들고 1948년부터는 북한으로 가서 활동하면서 우리들의 시야에서는 사라진 아쉬운 여성 독립운동가 우봉운은 민족의 수난기와 격동기에 어떠한 삶을 살았을까.

우봉운은 1889년 김해군 김해면 북내리(현재의 김해시 서상동)에서 태어났다. 학자들의 연구에 의하면 실제 생년은 1893년이라고 한다. 왜냐하면 정신여학교를 졸업한 시기가 1910년인데, 1889년생으로 계산하면 21세가 되어 당시로는 나이가 너무 많고, 1893년생으로 계산하면 17세로 자연스럽다는 것이다.[1]

---

1. 이임하, 『일제에 맞선 페미니스트』 (철수와영희, 2023 서울) 22쪽과 67쪽에서 인용.

 김해여성인물사

우봉운은 정신여학교 졸업 후 대구의 기독교 학교인 계성여학교에 가서 교사로 재직한다. 여기에서 교사인 기태진[奇泰鎮, 이명 기석호(奇昔湖, 奇石虎)]과 결혼한다. 그런데 우봉운의 대구에서의 생활은 얼마 가지 못한다. 당시 식민지 조선에서 애국 애족의 뜻을 가진 사람들 사이에서는 간도 등지로 가서 독립운동의 근거지를 마련하고 교육을 통해 민족 인재를 양성하는 일에 몸을 던지는 사람들이 많았다. 그래서 우봉운은 민족교육과 독립운동의 근거지였던 명동학교로 찾아간다.

〉 간도와 연해주에서의 지하독립운동과 교육활동

1920년, 러시아 연해주 한인촌에서의 부인독립회 적십자단 간호부 졸업식에서의 우봉운, 중간 줄 맨 오른쪽에서 두 번째이다. 사진의 얼굴이 어둡게 나왔으나, 당당하게 앉아 있는 자태를 느낄 수 있다. 이 사진도 드물게 남은 우봉운의 단체 사진이다. (사진 출처: '옥성득 교수의 한국 기독교 역사' 티스토리 블로그)

명동학교는 1908년에 김약연의 주도로 화룡현 명동촌에 명동서숙이라는 이름으로 세워진 학교이다. 당시 독립운동 지도자였던 이동휘가 1912년 북간도에 오면서 이동휘의 두 딸인 이인순, 이의순이 명동학교에서 학생들을 가르쳤다. 이때 여성교육이 필요하다는 이동휘의 주장에 따라 명동학교에 여학교가 병설되었다. 우봉운은 1912년 말에서 1913년경에 명동학교에 갔을 것으로 추정된다.[2]

우봉운은 명동여학교에서 낮에는 농사짓고 교실을 만들었으며 저녁에는 아이들을 가르쳤다. 그녀는 이러한 생활을 힘든 줄 모르고 1919년까지 지냈다고 한다. 하고 싶은, 민족교육을 하는 학교에서 뜻있는 동지들과 함께 하였으니 혈기 방장한 20대의 여교사였던 우봉운은 전심전력을 기울였을

---

2. 이임하, 앞의 책 24쪽에서 인용. / "명동학교가 어떤 학교였는지에 대해 먼저 당시의 교과목을 보기로 한다. 명동학교의 교과목은 역사·지지(地誌)·법학·지문(地文)·박물(博物)·이화(理化)·생리(生理)·수신·수공(手工)·신한독립사·위생·식물·사범교육학·농림학·광물학·외교·통역·대한문전·신약전서·중국어·작문·습자·산술·체조·창가 등이었다. 명동학교의 교육목표는 항일독립정신에 두었는데 한 예로 입학시험 및 작문시험에 반드시 애국과 독립의 내용을 포함시켰다. 매주 토요일에는 토론회를 열어 민족독립사상을 고취시키는 교육을 실시하였다. 3·1 운동 때에는 주민과 더불어 대대적으로 독립운동을 하여 많은 희생자를 내었다. 이와 같은 항일교육에 대해서 일제는 명동학교를 조선인 독립운동의 소굴이라 하여 1920년 10월에 훈춘사건(琿春事件)을 조작, 학교를 소각시키고 교장을 구속하였다. 그 뒤 학교를 재건하였으나 일제의 탄압과 재정난으로 1925년에 폐교되었다. 명동학교는 개교 이래 17년 동안 1,000여 명의 애국청년들이 명동학교를 졸업하였다. 명동학교는 서전서숙과 함께 재만한국인을 위한 민족교육의 주류였으며 민족교육기관의 원조로서, 인재를 양성하여 독립운동가 및 민족교육자로 배출, 재만 한국인사회에서 자주독립을 위해 투쟁하게 한 요람지였다."

것이다. 1919년 이후에 우봉운은 같은 민족교육학교인 블라디보스토크 신한촌의 삼일여학교 교사직으로 옮겨갔다.

우봉운은 간도와 블라디보스토크에서 민족혼을 불태우며 활동하였을 것으로 보인다. 간도에 있을 때는 애국부인회 회장이었고, 간도와 연해주 지역 비밀결사단체인 철혈광복단의 여성단원이었다. 철혈광복단은 그 이름에서도 알 수 있듯 조국의 독립과 광복을 위해 피로써 맺은 지하결사체였을 것이다.

우봉운은 블라디보스토크에 와서도 부인독립회에 참여했고 1920년 1월, 항일무장투쟁에 대비하여 부상한 독립군을 간호하기 위한 간호사 양성 속성과 설립에 참여한다. 이런 와중에 1920년 4월, 일본군이 연해주 일대의 러시아인과 한인들을 학살한 4월참변을 일으켜 연해주 지역 한인 독립운동의 기반이 송두리째 파괴되는 바람에 우봉운 등은 피신을 하기도 하였다.

1920년대에 우봉운은 조선으로 돌아온다. 철혈광복단의 실체가 알려져 간도에서의 활동을 이어가기가 어려웠고 두 아들을 둔 우봉운은 생활과 교육문제로 조선으로 돌아왔을 것으로 보인다.

조선에 돌아온 우봉운, 조선불교여자청년회를 조직, 사회운동가의 길을 가다

우봉운은 조선에 돌아와서 불교여자청년회를 조직하여 활동하였다. 그녀는 1921년 4월 조선불교여자청년회를 창립하고 활동할 수 있도록 적극적으로 움직였다. 당시 강연을 통해서 많은 사람에게 감동을 주고 다녔던 우봉운은 또한 노래(독창)로써 사람들을 감동시키고 다녔다고 한다.[3] 1922년에 조선불교여자청년회장을 역임하고 있던 우봉운은 여성교육기관인 능인여자학원을 설립, 운영하며 교장직을 맡기도 하였다.

일본 제국주의에 의한 식민지 시대에는 여성운동이 기본적으로는 여성의 권익 신장을 추구하면서도 여성의 권익을 저해하는 사회적인 관행과 제도를 개선하려는 성향을 갖고 있었다. 그러나 국권의 상실, 일제의 침략으로 인한 식민통치라는 현실 아래에서는 민족운동의 대열에 참가하기도 하였다. 1922년의 조선여자불교청년회 창립은 이러한 여성운동의 구도를 배경으로 이루어진 일이었다는 지적이 있다.[4] 이 창립의 과정에서 우봉운은 그 주도적 역할을 맡아 큰 공로를 세웠다. 그러한 역할에 대하여 당시의 증언을 들어본다.

"우리 여자사회의 선진인 우봉운 여사는 자애롭게 감동하고 분투하여 동지를 규합시켜 불타의 진정신으로 여성의 덕성을 함양시키는 지적 계몽을 위해 지난 대정 11년 (1922년) 4월 조선불교여자청년회라는 단체를 조직한 이래 4개 성상 동안 회장 우봉운 여사의 정성과 노력은 일시도 그치지않아 그의 결과로써 백여 명의

---

3. "어느 회장이든지 여러 사람의 고막을 울리어서 듣는 사람으로 하여금 어찌 저러한 청아한 목소리가 나오나 하고 놀랄 정도로 노래를 잘 불렀다"는 말을 남겼다는 기록이 있다. 『별건곤』 제10호, 1927, 132쪽, 이임하, 앞의 책 33쪽에 수록.

4. 김광식, 「조선불교여자청년회의 창립과 변천」, 99쪽에서 인용(『한국근현대사연구』 7, 한국근현대사연구회, 1997).

이렇게 창립과정에서 조직의 확대 발전과정에 우봉운의 지도력과 노력은 잘 드러난다.

우봉운은 1923년에 열린 '전조선청년당대회'에 참가하여 대회준비위원으로 활동한다. 조선청년당대회 자체는 청년조직과 종교조직을 모은 것으로 보인다. 준비위원 명단이 서울청년회 한진교, 이영, 천도교유신회 강인택, 불교청년회 이종천, 불교여자청년회 우봉운, 대종교중앙청년회 신명균, 민중식, 포항청년회 강우, 진영청년회 강영순 등이다.[6] 대회에 앞서 후원을 위한 강연회가 있었는데 서울 도심에 있는 천도교중앙대교당에서 열려 2,000명이 참석했다고 한다. 우봉운은 이 자리에서 독창을 하였다. 이 청년당대회가 어떤 성격의 내용인지를 아래 증언은 잘 설명해 주고 있다.

---

5. 『조선불교』 12호 1925. 4. 11.

6. 『매일신보』, 1923. 2. 24.

7. 김광식, 「조선불교여자청년회의 창립과 변천」 99쪽에서 인용(『한국근현대사연구』 7, 한국근현대사연구회, 1997) 103, 104쪽에서 인용.

이 전조선청년당대회는 대회 결의 내용이 불순하다는 이유로 일본 경찰이 제지하여 온전히 치르지 못했다고 한다. 이후 우봉운이 교장으로 있던 능인여자학원도 경영권을 상실하였고, 1926년에는 교장 자리에서 물러나게 되었다. 그러나 우봉운 등 조선불교여성청년회의 주역들은 여성운동의 대열에서 활약하였고, 우봉운은 1924년 5월에 조선여성동우회[8]와 1925년 1월의 경성여자청년동맹의 창립 발기인이 되었다.

이렇게 1920년대에 30대 나이의 우봉운은 민족을 위한 사회운동에 적극적으로 나선다. 당시의 신문 기사에 나온 활동만으로도 민립대학발기총회 경성부 발기인(1923년 3월), 서선수해구제회 집행위원(1923년 8월), 조선기근구제위원회 집행위원(1924년), 경북기근구제회 발기인(1929년 4월), 만주 조난동포문제협의회 집행위원(1931년 10월) 등의 자리에 나섰다. 사회주의 운동단체인 북풍회(1924년), 정우회(1926년)에도 참여했다가 1928년 북풍회 사건 때 검거되기도 했다.

이렇게 우봉운은 조선사회의 독립과 자주, 여성의 평등을 이루기 위해 필요한 일이라면 사회적 활동뿐 아니라 개인적, 인간적인 일에도 적극 나섰다. 이러한 참여와 활동에 대해 우봉운은 뒤에 이렇게 말했다.

---

8. 1924년 5월 4일 서울 제동 조선여자강습원에서 발기총회를 가진 조선여성동우회의 발기인은 박원희(朴元熙), 정종명(鄭鍾鳴), 김필애(金弼愛), 정칠성(丁七星), 김현제(金賢濟), 홍순경(洪順卿), 오수덕(吳壽德), 고원섭(高遠涉), 우봉운(禹奉雲), 지정신(池貞信), 주세죽(朱世竹), 김성지(金聖之), 허정숙(許貞琡), 이춘수(李春壽)이다.

여기에서 대일항전기에 여성활동가들이 한 일 중 대부분의 일이 옥바라지였음을 알 수 있다. 우봉운은 제1차 조선공산당 사건으로 구속된 김약수의 옥바라지를 하였다.

우봉운은 1924년 5월 조선여성동우회에 발기인으로 참여하였다. 조선여성동우회의 취지문에서 “조선에는 사람으로 대우 못 받는 현모양처가 많으나 사람 대접받는 여성은 드물다. 모든 딸과 며느리들은 저기 네가 서로 깨우쳐 단결하여 한 사람이 되어야겠다”라는 취지문을 보면 조선여성동우회에 모인 여성들이 어떤 뜻과 기개로 모였는지를 짐작하게 한다.

우봉운은 독립운동 노선에서 민족주의와 사회주의 계열 인사들이 단일전선을 형성한 신간회(1927년) 결성에 참가한다. 그리고 여성운동에서도 신간회와 같이 민족단일전선을 만들자는 취지에서 결성한 근우회의 1927년 5월 창립대회에서 중앙 집행위원 및 재무부 위원을 맡는다. 그리고 1928년 7월 근우회 전국 임시전국대회에서 중앙검사위원을 맡고, 근우회 경성지회 대의원을 맡는다.

우봉운은 또한 1929년 경성여자소비조합 창립위원을 맡아서 소비조합운

---

9. 우봉운 「전위투사도 애인을 가질 것이냐: 애인을 거부」, 『만국부인』 제1호, 1932, 6쪽.

동에도 나선다. 이렇게 우봉운은 당시의 사회개혁과 평등의 실현, 여권신장, 독립운동에 도움이 될 일이면 적극적으로 나서서 역할을 맡았고, 실제로 당시 조선사회의 사회운동에서 늘 중요한 위상에 서서 활동하였다. 행사장에 모인 대중을 위해 독창을 불렀던 우봉운은 병에 걸리거나 힘들게 사는 동지들을 돌보고 옥에 갇힌 동지의 옥바라지를 하는 모습으로 많은 주변 사람에게 큰 힘이 되고 많은 격려가 되었으리라.

↘ 글과 말로써 투쟁이론과 여권의 신장을 설파하다

우봉운은 신문, 잡지 등에 많은 글을 내놓았으며, 여러 행사에서 강연과 강의를 하였다. 노래도 잘하여 행사에서 독창도 하였다. 이런 글과 말로써 여권 신장의 내용을 특유의 기개로 주장하였다. 1932년 동아일보에서 신년 기획으로 '남성에 대한 선전포고'라는 주제로 글을 실었는데, 이때 우봉운은 다음과 같은 내용을 설파한다.

"첫째 여성 자신이 의식적으로 단호한 사회적 진출을 도모하여야 하고 또 자신을 사회적 존재로 만들기에 노력하여야 하며, 따라서 하지 아니치 못할 경제적 독립 그것이다. 경제적 독립에 대한 해결은 물론 직업전선의 노동여성이 되어 공장에로 각기 각자의 기능대로 할 것이다. 도구화, 기능 무시, 성멸적, 경제적, 사회적 모든 우월감과 전횡에 대하여 실천적 진출과 맹렬한 이론을 내세워서 적극적으로 그 무근거함을 대항하여야 한다. 억압과 멸시와 굴종에서 단연히 튀어 나오너라.

김해여성인물사

어린 자식은 경제권 가진 남성에게 맡겨라."

　우봉운은 신간회가 해소되고 근우회도 해체하는 1931년의 상황에서도 새로운 사회운동의 방향을 알리는 글을 내어 투쟁 이론가로서의 모습을 보인다. 1931년『동광』 28호에 낸 「1931년의 총결산, 과거 1년간의 조선 여성운동」이라는 제목의 글에서 우봉운은 다음과 같은 내용을 주장한다.

"역사는 항상 그 정궤를 향하여 달음질한다. 조선의 여성운동은 근우회 중심주의로부터 완전히 그 방향을 전환하였으니 제3기의 일반적 정세는 운동의 중심이 더 이상 소부르주아지 여성의 휘하에 칩복하기를 용허하지않는 것이다. (중략) 요컨대 조선의 여성운동은 그 계급적 전체성에 제약되어 필연적인 역사의 새 장면을 걸을 것이도, 1931년은 이 새 기축의 한 시간적 기점이된 것이니 (중략) 우리의 이 견해는 그것이 실재와 합치되는 점에서 과학적인 것이다."

　또한 1920년대 조선불교여성운동의 지도자였던 우봉운은 다음과 같은 불교에 대한 자신의 의견을 피력한다. 종교가 갖는 역사적 책임을 무겁게 생각하게 하는 주장이다.

"조선불교(朝鮮佛敎)도 사회현상(社會現象)의 한가지일 것입니다. 불교는 넘어도 모든 것을 합리적해결 그것으로써 양책(良策)이라고 생각하는 듯합니다. 그러나 이것도 환경의 호시(虎視)를 무섭다하야 그럴듯하게 합리적으로만 침체하게 되는 것은 사회불교 민중불교(民衆佛敎)로서는 매우 부당한 것이라고 합니다. 좀 나아가

합리적 해결을 버리고 힘있는 열에서 구태를 버리고 사회적으로 향진하기를 바랍니다. 또는 좀 충실한 언론기관이 하나있으면 지금에도 사회적사업을 많이 하지마는 더욱 사회적으로 민중적으로 큰 공익있는 별다른 사업이 있음을 바랩니다."[10]

우봉운은 이 외에도 많은 글을 내었다. 그 강직하고 철저한 혁명적인 논리는 당시 암울한 식민지 상황에서 새벽을 알리는 조종의 역할을 하였을 것이다.

어려웠던 생활
— 혼자 몸으로 자녀를 키우며 사회활동의 전선에 나서다

우봉운은 경제, 사회적으로 어려웠던 생활 조건 속에서도 사회와 민족을 위한 일에 투신하였다. 당시 식민지 조선사회의 사회혁명 전선에 서 있던 혁명가, 특히 가정을 가진 여성에게 경제, 사회적 조건은 가혹했다. 그리고 두 아들을 교육해야 하는 상황에서 남편이 승려로 출가하여 혼자 무거운 짐을 짊어진 우봉운의 인간적인 고난은 짐작이 간다. 남편 기태진은 1914년 간도의 명동학교에서 우봉운과 함께 교사생활을 하였으나 부인과 의논 없이 1916년경 금강산에 가서 승려로 출가하고 만다. 기태진은 승려로서 조선불교청년회, 조선불교유신회 등에서 중요한 역할을 하였지만, 가정을 돌볼 수는 없어서 아이들의 양육은 온전히 우봉운의 책임이었다.

10.　1931년 1월에 발간된 『불교』 79호에 게재한 우봉운의 글 중에서.

김해여성인물사

이후 두 아들을 힘들게 키우면서 살아갔던 우봉운의 소식이 기록에 있다. 첫아들 기웅과 둘째 기의벽 둘 다 그림에 소질이 있어 미술대회에서 입상한 신문 기사가 눈에 띈다. 다음은 신문 기사에 나오는 아들과 우봉운의 생활상 단면이다.

"그리고 군은 어릴 때부터 그림에 취미와 특재를 남보다 뛰어나게 가졌지만 다만 어머니 한 분의 힘으로 교육을 받는 관계로 보통 이상의 쓸쓸한 학생생활을 하였다는 것이다. [어머니는 아침에 나가시면 이렇게 늘 혼자 있게 됩니다. 대개는 저녁 때까지 들어오시지만 만일을 염려하여 쌀을 일어놓고 나가십니다. 늦으면 나 혼자 해먹지요.]"

– 동아일보 1930년 10월 7일 기사 중에서 아들 기웅의 말

"내가 그동안 돈에 쫓기고 걱정에 시달린 일을 어찌 다 말하겠습니까. 아이 교육비를 만드느라고 가진 직업 부인의 경험도 많이 얻었습니다. 보통중학교를 마치게 한 것도 어려운데 화구까지 얻어 주느라고 몇 갑절 속이 탔습니다. 지금은 남의 보조도 받아 겨우 미술 전문을 계속하고 있으나 역시 학비 부족으로 머리를 썩이고 있습니다."

– 동아일보 1931년 5월 30일의 기사 중에서 우봉운의 말

우봉운의 아들 기웅은 서울 배재고보를 졸업하고 동경미술학교 예과에서 공부했는데 광복 직후 서울에서 좌익 조선미술동맹 간부로 활동하다 검거되기도 하였다. 짐작되듯이 그의 두 아들도 독립의식과 사회의식이 깊었던 것으로 보인다. 두 아들에 대한 남은 소식은 다음과 같다.

"첫째 아들 기웅은 해방이 된 직후 1945년 8월에 설립된 조선미술건설본부 회원이었으며 1946년 2월 결성된 조선미술가동맹에 중앙집행위원으로 참여하였다. 어느 때 투옥되었다가 6·25 전쟁 기간에 월북한 월북 화가이다. 북한에서 여러 그림을 제작하였고 1977년 사망한 것으로 기록된다.

기의벽은 기수벽으로 이름이 표기되곤 하는데, 역시 좌파계열의 미술 운동을 전개하였다. 1939년 일본에서 동경미술학교 재학생 기수벽이 4월 5일 일제 경시청에 체포당했고, 곧이어 천단화학교 학생 방영훈도 체포당한 사건이 있었다. 이들은 치안유지법 위반 혐의로 체포당했는데 기수벽은 유물론연구회 활동으로 6월 2일에 송치 당했다. 체포당한 기수벽은 기의벽이다.

기의벽은 동경미술학교에서 등도무이(藤島武二) 교실에서 수업하던 1939년 9월 10일 자로 퇴학당했는데 이미 4월에 체포당했던 까닭이거니와 1941년 4월 재입학했지만 1942년 9월 또 다시 퇴학당하고 말았다. 기의벽은 방영훈과 함께 재일본 조선인 항일프로미술운동가 제2세대였다."[11]

우봉운의 1939년도 사진

(사진 출처: 한국지역문학관 티스토리 블로그, 경남문학관, 김해문학)

---

11. 보랏빛불교(북한산인) 티스토리 블로그 중 「우봉운과 그의 가족」(2012.8.10. 게재)에서 인용.

〉 해방 후의 활발한 활동, 그러나 남북분단으로 인한 이별

1945년 해방의 그날이 왔다. 그토록 기다리던 광복의 순간이었지만 조선의 애국자, 혁명가들은 남북분단이라는 시련과 불행에 직면하게 되었다.

우봉운은 해방 직후 조선건국준비위원회[12] 경성시 인민위원 중의 한 사람으로 선출되었다. 1945년 9월 11일 휘문중학교 강당에서는 조선인민공화국 '경성시민대회'에서 조선건국준비위원회 경성지회 상임위원회가 열렸고, 이 위원회에서 조선인민공화국 경성시 인민위원을 선출하였다. 당일 매일신보에는 이 명단이 발표되었는데, 우봉운은 서석전, 조원숙, 정칠성, 허하백, 고명자 등 근우회 동지들과 함께 발표되었다.

이렇게 인민위원으로 선출된 것은 식민지 시기를 온전히 투쟁과 인내와 노력으로 견뎌낸 사람에게 주어진 증명이자 훈장으로, 향후의 인민대표로서 새로운 나라의 건국에 역할을 기대한 것이었다. 그러나 당시 남쪽에서의 인민위원회의 운명은 불행의 연속이었다. 미군정은 인민위원회와 인민공화국을 전면 부정, 금지하였다.[13]

1946년 11월 8일에 있었던 전국여성단체총연맹 제1회 위원회가 열렸는데 이때 우봉운은 연락위원이었다. 여기에 참여한 단체들이 조선여자국민당,

---

12. 건국준비위원회는 1945년 8월 15일 여운형이 건국준비를 위해 자신의 지하조직인 '건국동맹'을 중심으로 건설한 정권 예비기관. 대표는 여운형이었다. (다음 백과에서 인용)
13. 건국준비위원회의 지도자 여운형은 미군정의 견제와 친일파잔재들의 위협 속에 우여곡절을 겪다가 1947년 7월에 암살당하였다.

불교여성총연맹, 가톨릭여자청년연합회, 여자기독교청년회, 독립촉성애국부인회, 독립촉성여자단, 천도교내수회, 부녀국 등이 참여하였으므로 불교여성총동맹의 위원장인 우봉운은 연락위원으로 참여한 것이었다.

1947년이 되어 우봉운은 불교부인총동맹, 조선건민회[14] 부녀부장, 민족자주연맹 중앙집행위원이자 부녀부장을 맡고 있었던 기록이 나온다.

이후 우봉운은 1947년에 홍명희, 안재홍, 김병로 등이 '진정한 우익'을 표방한 민주독립당을 지지하였다고 한다. 그리하여 1948년 4월 15일 민주독립당 상무집행위원회의 각 부서 개편에서는 부녀위원회의 대표가 되었다.

또한 우봉운은 당시 민족자주를 주창한 사회운동에도 참여하여 1948년 1월 9일에 민족자주연맹 제2차 상무위원회에서 부녀부장으로 선임되었으며, 자주여성동맹위원장으로도 활동하였다. 자주여성동맹의 위원장이 신의경, 고문은 김순애, 홍명희였으므로 그 성격을 짐작할 수 있다.

우봉운은 그동안 자신이 걸어왔던 정치적인 노선에서 당연히 1948년 5.10 남한 단독선거를 반대하였다. 다음은 자주여성동맹위원장이었던 본인의 이름으로 발표된, 본인의 육성이 들리는 듯한 반대성명이다.

---

14. 건민회는 1946년 6월에 이극로 등 중간파 세력이 결성한 단체이다. 1946년 6월 16일 "민족의식을 앙양하여 완전 자주독립국가 건설을 기하며, 민족문화의 향상을 도모하여, 세계문화 진전에 공헌"함을 표방하며 조선건민회가 결성되었다. 조선건민회는 해방공간에서 좌우합작, 남북합작을 상사하도록 노력하였다. 1947년 5월 말에는 이극로계가 민족독립당을 창당하고 민족자주연맹 결성에 참여함으로써 와해되었다. (다음 백과에서 인용)

   김해여성인물사

"UN조위가 허수아비 노릇을 기어코 하는 모양이나 나로서는 절대로 반대한다. 인생이란 남녀가 서로 상합하여 생활자료를 획득하고 나가서 생의 재생산을 하는 것이 철칙이라면 우리 조선땅도 남북통일되어 인민들이 잘 살아가야 할 터인데 남북을 두 개로 자르고 동포끼리 살벌을 하게 하는 남조선만의 단선은 민족정기에 반대됨으로 죽기를 한하고 싸워서 우리 강토의 통일과 독립을 위해서 나가겠다. 벌써 5, 6명의 여성이 선거에 출마한다고 들리는데 이것은 남북통일이 되어야만 남녀동등권이 보장될 것인데도 불구하고 남녀동등권이라는 문자를 악용하는 것으로 본다."

– 조선중앙일보 1948년 3월 14일, 「죽기를 기하고 통일독립 위해 나가겠다」 자주여성동맹 우봉운

이렇게 자주여성동맹은 근로인민당부녀부, 한국독립당부녀부, 건민회부녀부 등 4개 단체가 단독선거반대성명서를 준비하기로 합의하여 1948년 3월 30일 단독선거반대와 남북회담을 환영하는 다음과 같은 내용의 공동선언문을 발표하였다.

"삼천만 동포여! 존망지추에 놓인 이때 우리는 총결속하여 의연한 구국투쟁을 전개하여야만 된다. 우리는 분열, 예속을 가져오는 5월 9일의 단독선거를 결사반대하며 선거인 등록을 거부한다. 조국의 통일, 자주독립을 위하여 싸우는 우리는 조국을 분할하려는 여하한 기도와도 과감히 싸울 것이다. 우리는 민족자결의 원칙에 의하여 조선문제는 조선인 자신이 해결해야 한다는 견지를 고지한다. 이에 우리 천오백만 여성은 양군 철퇴를 주장하고 남북회담을 환영하며 '해방자로부터의 해방'을 쟁취하기 위하여 끝까지 싸울 것을 엄숙히 성명한다."

이리하여 우봉운은 자주여성동맹 대표로 1948년 4월의 남북회담(평양에서 있었던 김구, 김규식과 김일성, 김두봉 등의 회담, 이 시기에 평양에서 같이 열린 남북제정당사회단체 연석회의)에 참여한다. 회담에 참여한 우봉운과 자주여성동맹은 1948년 5월에 다음과 같은 내용의 성명을 발표한다.

– 우리신문 1948년 5월 16일

이 성명 외에는 당시 평양에 도착한 우봉운이 어떠한 활동을 하였는지에 대한 기록은 찾을 수 없다. 그러나, 몇 달 후 우봉운은 1948년 8월 황해도 해주에서 개최된 남조선인민대표자대회에 대표 30여 명 중의 한 사람으로 참석하였다. 그리고 이 대회에서 제1기 최고인민회의 대의원으로 선출되었다. 남한의 국회에 대비되는 북한의 최고인민회의에 남쪽 출신 인사로 대의원으로 참여하게 된 것이었다. 이후 우봉운은 남쪽에 내려오지 않은 것으로 보이며, 북한에서의 활동 기록도 보이지 않는다. 북한으로 간 인사들의 소식과 기록은 최근 알려진 몇몇 소수의 인사 외에는 알려진 바가 없다. 남북 간 인적교류와 학술교류가 열려서 활발해지면 알 수 있는 길이 열리리라는 희망을 품는다.

ゝ 자비와 무실역행의 아름다운 인품, 언제 소식을 접할 수 있을까

　우봉운은 민족교육과 여성불교운동으로 시작하여 대일항전기의 조선에서 굳건한 위상을 갖고 줄기차게 독립운동과 사회변혁운동에 투신하였던 대표적인 항일독립운동가이자 여성운동가였다.

　그녀는 많은 사람에게 인품과 열정과 정성을 인정받은 것으로 보인다. 세월이 지난 후의 곳곳에 나타나는 우봉운에 대한 평가는 공통으로 "남녀 가리지 않고 폭넓은 사귐을 갖고, 누구에게든 자비를 베풀면서, (중략) 드러내지도 않고 뽐내지도 않으며 묵묵히 역할을 다한 그의 모습은 진정 자신을 아름답게 하였을 뿐 아니라 동료를 더욱 돋보이게 하였다"는 인정을 받고 있다.

　그러나 우리는 이러한 우봉운을 지금은 현실에서는 물론 역사 속에서도 만날 수 없다. 남북분단의 불행 속에 우리의 시야에서 사라지고 만 우봉운의 북한에서의 행적과 활동이 밝혀지는 날은 민족의 비극인 남북분단이 치유되는 날일 것이다.

3

1898~1984

김필애

: 격동기의 여성 지도자

이광희

김해 출신 여성으로서 대일항쟁기인 1919년에 3·1 운동을 선도적으로 주도, 참여하고 전국적인 여성운동단체와 독립운동단체를 조직하여 활동하였던 인물이 있다.

1898년생, 김해시 서상동 출신의 김필애는 김해 출신 여성으로는 드물게 서울의 정신여학교를 졸업하고 일본에 유학을 다녀왔다고 한다. (잡지 『삼천리』에 실려있는 내용) 김해합성보통학교와 마산의 의신여학교에서 교사를 지냈으며, 1919년 대한애국부인회 경남지부장, 1924년 조선청년총동맹, 조선여성동우회의 발기인, 1928년에는 근우회 김해지회 등의 임원으로 전국적인 독립운동과 여성운동 사회운동의 선봉에 선다. 김필애는 이러한 활동에 근거하여 해방 후에는 제헌국회의원 선거(1948.5.10.)에 출마했다가 낙선하였고, 1950년에 부산 YWCA 회장, 그 후 적십자 경상남도 부녀과장을 역임했으며, 꾸준한 지역봉사활동으로 3·1 문화상 등을 수상하는 등 여성 지도자로서 의연한 삶을 살다가 1984년에 87세로 일생을 마감하였다.

22세의 청년, 독립만세의 불꽃을 품다

김필애는 의신여학교 교사로 일하던 중 나이 22세로 3·1 운동을 겪었다. 1919년 3·1 운동은 전국으로 확대되었고 마산 지역도 예외가 아니었다. 3월

김해여성인물사

3일 오전 11시, 무학산에서 고종 황제 국장 행사에 모인 시민들에게 조선 독립의 당위성과 항일 궐기를 고취하는 연설과 함께 독립선언서가 배포되어 시민과 학생들은 만세 행진을 했다.

현재 마산합포구 추산동 55-9번지의 추산정 자리, 김필애가 독립선언서를 낭독한 자리. 창원 지역 최초의 3·1 운동 자리로 역사적 가치를 인정받아 2024년 6월에 와서 '추산정 역사 정류장'으로 조성되었다. 사진은 2024년 6월 26일 창원시의 성호마을축제위원회가 주관하여 '추산정 역사 정류장' 조성 제막식 할 때의 모습. (사진 출처: 마산합포구)

김필애는 3월 10일 추산정[1]에서 명도석, 최용규, 이정찬, 김용환 등의 지역인사들이 모인 가운데 독립선언서를 낭독하였다. 그러나 당일 출동한 일제 헌병들에 의해 참석자 전원이 검거되어 거사의 계획이 중지되었다가 후

---

1. 추산정: 창원지역 최초의 3·1 운동을 시작하였던 곳, 현재 창원시 마산합포구 추산동 55-9번지.

일을 위해 모든 책임을 지고 김용환이 구속됨으로써 3월 16일 다른 사람들은 전원 훈방되었다.

　이로써 김필애는 창신학교 교사 임학찬,[2] 의신여학교 교사 박순천[3] 등과 함께 구마산 장날 의거를 모의하였다. 박순천과 김필애는 당시 상급반이면서 지도력이 강한 최봉선 학생의 집에서 밤을 새워 선언서와 격문을 등사하여 3월 21일 12시 정각, 열차 기적을 신호로 선언서와 격문을 뿌리고 태극기를 흔들며 "대한독립만세"를 외쳤다. 이때 장터의 군중들도 합세하여 군중의 수는 3,000명으로 늘어났다고 한다. 이에 마산 주재 일본군 헌병과 경찰들은 비무장 시위 군중에게 총검을 휘둘렀고, 시위에 참여한 많은 시민이 일제에 체포되었다. 이 구마산 장날 의거에서 5일 후인 3월 26일, 3월 31일에도 연이어 일어나서 3월 28일과 4월 3일의 마산 삼진 의거와 함께 조

2.　임학찬(1890-1952) - 김해 출신의 독립운동가, 교육자. 김해 합성학교와 마산 창신학교에서 교편을 잡다가 1919년 3·1 운동이 일어나자, 이갑성이 보낸 '독립선언서'를 받고 김필애·박순천 등과 의논하여 부산·마산·김해 등지에 동지들을 보내 만세를 부르게 하였다. 특히 부산에서는 일신여학교를 중심으로 만세운동을 주도했다가 이듬해 5월에 체포되어 서대문 감옥에서 1년간 옥고를 치렀다. 1925년 간도로 건너가 독립운동 단체에 협력하다가 1926년에 귀국, 새로운 결심으로 평양신학교에 입학하여 1934년에 졸업한 뒤 김해군 대저면의 대지교회에서 목회 활동을 하다가 1945년 광복이 되자, 김해군 건국준비위원회 위원장에 추대되어 혼란기의 질서유지에 힘썼다. 한편, 동주 상업 중·고등학교를 설립하여 초대 교장을 역임한 후 동아대학교 강사·부학장 등을 지냈다.

3.　박순천(1898-1983) - 경남 동래에서 태어났다. 일신여학교를 졸업하고 마산 의신여학교 교사로 부임하였다. 의신여학교 교사로서 창원에서 시작한 3·1 운동에 참여하였다. 1950년 대한부인회 소속으로 국회의원에 당선된 것을 시작으로 부산과 서울에서 거듭 당선되면서 2, 4, 5, 6대 국회의원을 지냈다.

선 독립의 기개를 널리 떨친 경남의 대표적 만세 의거가 되었다.[4]

﹨ 전국적 애국 여성운동에 떨쳐나서다

창원 마산 지역에서의 3·1 운동에 참여했던 김필애는 마산과 김해를 중심으로 전국적 활동을 전개한다.

1919년에 대한민국애국부인회 경남지부장,[5] 1924년 조선청년총동맹,[6] 조

<ol start="4">
<li>디지털창원문화대전, 「3·1 운동」에서 인용.</li>
<li>대한민국애국부인회는 1919년 3월 중순, 오현주(吳玄洲)·오현관(吳玄觀)·이정숙(李貞淑) 등이 3·1 운동 투옥 지사에 대한 옥바라지를 목적으로 혈성단부인회를 조직·활동하였다. 4월에는 최숙자(崔淑子)·김희옥(金熙玉) 등이 대조선독립애국부인회를 조직하였다. 두 부인회는 그해 6월 임시정부에 대한 군자금 지원을 위해 통합하였던 조직이었다. 애국부인회는 서울에 본부를, 지방에 지부를 조직하고 본부 부서를 대폭 개편하였다. 종래의 애국부인회는 군자금 모금과 송달을 최대 임무로 여겨 재무부장·재무주임의 직을 두어 주력하였다. 김필애는 이 조직에서 경상남도지부장을 맡았다. 이 조직은 지하운동조직이며, 당시 회장은 김마리아였다. (『한민족문화대백과사전』, 「대한애국부인회」에서 인용)</li>
<li>1924년 서울에서 조직된 사회주의 청년운동단체. (『한민족문화대백과사전』, 「조선청년총동맹」에서 인용) 1924년 4월 23일 자 시대일보 기사에 의하면 "청년동맹 대회의장, … 특히 여자석에는 김필애, 고원섭, 박원희 제시를 비롯하여 많은 대표의 출석이 있으며"라는 내용이 있어 활발하게 참여한 것으로 나온다.</li>
</ol>

선여성동우회[7]의 발기인, 1928년에는 근우회 김해지회[8] 등의 임원으로 전
국적인 독립운동과 여성운동 사회운동의 선봉에 선다.

1919년 전국적으로 일어난 3.1 운동은 신분, 직업, 종교, 성별의 구별이
없이 모든 계층이 참여한 민족적인 항일운동이었고 우리 민족에게 독립에
대한 희망을 불러일으켰으며 이후 지속적인 독립운동을 전개해 나갈 수 있

7. 1924년 서울에서 조직되었던 사회주의여성단체. 창립의 주역인 박원희(朴元熙)·
정종명·김필애(金弼愛)·정칠성(丁七星)·김현제(金賢濟)·홍순경(洪順卿)·오수덕(吳壽
德)·고원섭(高遠涉)·우봉운(禹鳳雲)·지정신(池貞信)·주세죽(朱世竹)·김성삼(金聖三)·
허정숙(許貞淑)·이춘수(李春壽) 등이 1924년 5월 4일 발기하여, 5월 10일 창립총
회를 개최하였다. (『한민족문화대백과사전』, 「조선여성동우회」에서 인용)

8. 1927년에 조직되었던 독립운동 및 여성운동 단체. 1919년 3·1 운동 직후에 조직
되어 활약한 대부분의 항일여성단체들이 일제의 탄압으로 해체되었다. 이후 여성
운동은 교육운동, 민족경제진흥운동, 종교계 여성단체를 통한 신앙운동이나 생
활향상 계몽운동으로 전개되었다. 이와 같은 여성운동이 1924년 사회주의 사상
의 영향을 받아 조선여성동우회가 조직된 뒤부터는 민족주의적 방향과 사회주의
적 방향으로 양분되었다. 분열한 국내외의 항일민족운동을 통합하여 더 강력한
민족운동으로 추진하기 위해 1927년 2월 신간회(新幹會)가 조직되었다. 여성계
에서도 여성운동의 통합론이 일어나, 마침내 그해 5월에 근우회가 조직되었다. 창
립 취지는 "과거의 여성운동은 분산적이었으므로 통일된 조직도 없고, 통일된 목
표나 지도 정신도 없어 충분한 효과를 거두지 못하였으므로, 여성 전체의 역량을
견고히 단결하여 새로운 여성운동을 전개하려는 것"이었다. 강령은 여성의 공고한
단결과 지위 향상이었다. 운동 목표로는 봉건적 굴레에서 벗어나는 여성 자신의
해방과 일제 침략으로부터의 해방이라는 양대 방향이 제시되었다. 창립의 중요 인
사로는 김활란(金活蘭)·유영준(劉英俊)·이현경(李賢卿)·유각경(兪珏卿)·현신덕(玄信
德)·최은희(崔恩喜)·황신덕(黃信德)·박원희(朴元熙)·정칠성(丁七星)·정종명(鄭鍾鳴)
등이었다. 조직은 서울에 본부를 두고, 전국 각지 및 일본·만주 등 국내외에 지부
를 두었다. (『한민족문화대백과사전』, 「근우회」에서 인용)

 김해여성인물사

는 정신적 기반이 되었다. 이에 1919년 10월 19일 일본에서 여자유학생친목회 회장으로 활동하며 2·8 독립선언에 참여했던 정신여학교 교사 김마리아를 중심으로 민족의 의식을 계몽하는 신여성들의 모임인 '대한민국애국부인회'가 창립되었다.

회장-김마리아, 부회장-이혜경, 총무·편집장-황에스더, 서기-신의경 김영순, 재무부장-장선희, 교제부장-오현주, 적십자부장-이정숙 윤진수, 결사부장-백신영 이성완, 정신여학교-이아주, 그리고 북간도, 제주도, 하와이에도 지부를 조직해 명실공히 전국적 항일여성단체로 자리매김한 조직에서 김필애는 경남 지부장으로 활동하였다.

'적십자부'와 '결사부'는 종래의 독립자금을 수금해 임시정부에 보내던 활동을 넘어 남자와 대등하게 독립운동에 참여하겠다는 의지의 표출이었고 광복 후에 김필애가 40년 동안 적십자 활동을 하는 계기가 되기도 하였다. 후일 회장 김마리아가 상해 망명 생활 중에도 여전히 대한민국애국부인회 대표 자격으로 임시정부와 관계한 것으로 보아 애국부인회의 위상이 임시정부의 대표적인 항일여성단체였음을 보여준다.

1924년 김필애는 일제 강점기 한국의 여성운동을 이끌었던 인물(박원희·정종명·정칠성·김현제·홍순경·오수덕·고원섭·우봉운·지정신·주세죽·김성삼·허정숙·이춘수)들과 함께 5월 10일 조선여성동우회 창립에 참여하면서 임시의장을 맡기도 하였다. 조선여성동우회는 종래의 계몽적 여성 교육론을 비판하고 사회주의적인 여성해방론을 주장하였다. 선언문에 의하면 "여자는 가정과 임금과 성의 노예가 될 뿐이고 생활에 필요한 각 방면의 일을 힘껏 하여 사회에 공헌하였으나 횡포한 남성들이 여성에게 주는 보수는 교육을 거절하고 모성을 파괴할 뿐이다. 더욱이 조선 여성은 그 위에 동양적 도덕의 질곡에서 울고 있다. 비인간적 생활에서 분기하여 굳세게 결속하자!"라고 되어 있다. 당시 발간된 매일신보에는 "조선청년총동맹에 참가했던 정종명, 김필애, 오수덕 이외 여러 여자는 조선 종래의 여자는 유약하였으나 장래는 결단코 남자에게 속할 것이 아니라는 주장으로 여성동우회를 조직했다."라는 기사를 실었다. 그들은 항일운동뿐 아니라 신여성 운동 교육 및 훈련, 강연회를 진행하며 여성 인권 신장에 힘썼다. 조선여성동우회는 공식적으로 일제 강점기 한국의 사회주의, 아나키스트 여성들이 만든 단체였으며 1927년 근우회에 흡수되었다.

＼ 김해와 전국을 잇는 여성 지도자로 활동하다

1920년대 후반 전체 사회운동 진영은 방향 전환기에 들어섰다. 1924년경부터 민족주의 진영과 사회주의 진영의 협동에 관한 논의가 점차 일어나고 있었고, 여성운동 진영도 예외는 아니었다. 당시 항일 독립운동 진영의 세력들이 민족주의·사회주의 이념을 초월하여 항일의 기치 아래 민족 협동전선을 결성하려는 기운을 타고 여성운동 진영의 좌우합작, 협동전선 운동으로 나아가게 되었다. 근우회는 여성해방과 단결을 강령으로 채택했으며 민족계와 종교계, 사회주의계의 여성을 망라해서 만들어진 조직으로 처음부터 회장을 선출하지 않고 중앙집행위원회가 본부의 구실을 했다.

1928년 7월 김필애는 근우회 23인의 중앙집행위원 중 1인으로 활동하였다.[9] 또한, 어느 기록에는 근우회의 전국 부회장으로도 명단이 나온다.[10]

이렇게 전국적인 활동을 하였던 김필애는 고향 김해에서도 활동하다 언론에 나거나 일본의 방해에 부딪히기도 한다. 다음과 같은 당시 신문기사에서 김필애의 모습을 볼 수 있다.

"槿友金海支局 講演會盛況: 裵鍾哲 金弼愛

경남 김해군 근우회지회에서 녀성문제 대강연회를 지난 이십칠일 밤 아홉시부터 당 디로동 야학회 강당에서 개최하얏는데, 텽중이 사오백명에 달하야 대성황을 닐우엇스며 강연에 들어가 연사마다 주의를 당하든 중 배종철, 김필애 량씨는 불행히 중지를 당하얏스며 장내는 극도로 긴장된 가운데 강연을 마치엇다더라."

– 동아일보 1928.5.30. 기사

이렇게 광복 이전까지의 시기에 김필애는 전국적으로 활동하였던 항일조직, 사회조직에 중요 직책 명단으로 나온다. 검거된 경험은 있었지만, 재판받거나 실형을 받은 경험은 없었다는 것이 친척들의 증언이다.

---

9. 동아일보(1928.7.17.) 기사에서 인용.

10. 독립운동사자료집, 14: 대중투쟁사자료집(독립운동사편찬위원회, 1975), 414면에서 인용.

광복 후에 김필애는 독립한 나라에 정치·사회적으로 중요한 위치로 활동하려 하였던 기록이 보인다. 광복 후 첫 국회의원 선거인 제헌의회 선거(1948.5.10.)에 김필애는 50세의 나이로 당시 거주지인 경남 제4선거구 (부산 영도구·서구)에 출마하여 4위로 낙선하였다. 당시는 부산이 행정구역으로 경남에 포함되어 있을 때였는데, 부산경남이 31선거구로서 소선거구제이므로 부산경남에서 31인의 제헌의원을 선출하였던 선거였다. 당시 김필애는 무소속으로 출마하였다. 당선자 31인 중 지주출신자들이 많이 참여하였던 한민당 후보가 3인, 조선민족청년단(족청, 이범석 계열) 후보가 3인, 대독촉국회(독촉, 이승만 계열)가 6인, 조선공화당 1인, 부산일오구락부 1인, 무소속이 17인으로 나온 선거에서 김필애는 32세의 당선자인 무소속 박찬현과 한민당, 청년단 후보에게 져서 8인 후보 중 4위로 낙선하고 말았다. 같은 나이와 유사한 경력의 박순천이 2, 4, 5, 6대 국회의원으로 당선되어 여성 정치인으로 성장해 간 것에 비하면 김필애는 첫 번째 선거 낙선으로 큰 손실을 보고 다시는 선거에 뛰어들지 않은 것으로 보아 활동의 노선을 시민단체와 적십자 등으로 돌려 꾸준한 봉사를 위주로 살았던 것으로 해석된다.

이러한 그의 삶은 부산 YWCA 회장을 하였던 이유로 부산 YWCA 역사에 나오는 그의 소개가 다음과 같이 기록되어 있다.

"김필애: 서울 정신여중 출신으로 1946년 부산 YWCA에 가입, YWCA와 인연을 맺는다. 이사로 교육부 위원으로 회장으로 고문이사로 봉사하였다. 거의 20년 이상 YWCA에 봉사했고, 정부로부터는 3·1 문화상, 연합회로부터는 24회 봉사상을 수상하였다."

– 부산 YWCA 회보 144호, 1985년 2월에서 인용
(당시 김필애의 회장 임기는 1950. 5. – 1950. 6.)

1963년 대한양회공업주식회사에서 제정하여 수여한 근로건설(사회봉사) 부문 '3·1 문화상'을 수상하였다. 이 '3·1 문화상'에 실린 김필애의 공적 조서를 통해 그녀가 수십 년 동안 적십자사에서 활동한 것이 확인되었다.

"김 씨는 지난 40년간 돈독한 박애정신과 온후독실한 성품으로 육영사업, 농촌계몽 및 사회봉공 등에 한결같이 헌신하였다. 특히 지난 10여 년 전부터 대한적십자사 경남지사에 근무하면서 문맹퇴치, 여성계몽에 힘쓰던 중 6·25동란을 당하여 부녀봉사대장으로서 1,770명의 봉사대원을 시휘하어 환자 의복을 제작, 5개소 육군병원에 후송된 상이군인들의 의류수선, 세탁 등의 봉사를 수없이 많이 했으며, 피난민을 위해서도 여러모로 힘을 다하였다. 송환되어 온 한국인 밀항자를 위해서는 숙식을 제공하는 노고를 아끼지 않았고, 출국하는 불우한 일본인들에게는 국경을 초월한 봉사를 서슴지 않았다. 김필애 씨는 세계적으로 그 유례가 없이 벅찬 우리나라의 사회복지사업을 위하여 열과 성을 다한 숨은 일꾼으로서 그 공로는 참으로 예찬할 만하다."

– 3·1 문화상, 공적 조서

　김필애는 일제에 의해 수난을 당한 민족과 암울한 시기의 조국을 위해 온 몸을 내던져 독립과 사회개혁을 위해 일했던 김해 출신의 강직한 여성이었다. 그녀는 평생을 독신으로 살았는데, 말년에 수양딸을 들여 별세 시까지 함께 살았다. 이 수양딸도 한국전쟁 와중에 생존이 어려웠던 사람을 함께 살도록 하는 따뜻한 마음을 발휘하였다. 김필애는 노년기에 천주교에 귀의하여 부산 서구에 있는 초장성당을 다니며 성당 가까운 곳에서 거주하였다. 그러다 1984년 4월 27일 향년 86세로 별세하였다.

노년기의 김필애, 오른쪽이 수양딸 조양순

양산시 상북면 공원로3길 19에 있는 천주교 부산교구 하늘공원 내 35구역 55번 묘와 비석. 비석의 전면에는 "김해 김씨 마리아 필애의 묘"라고 새겨져 있으며, 측면에는 생몰일인 1898년 2월 24일과 1984년 4월 27일이 각각 표기되어 있다. 뒷면에는 직계 가족이 없는 관계로 조카 김현건의 성명만 확인되며, 나머지 부분은 40년이 지나 희미해져 식별하기 어렵다.

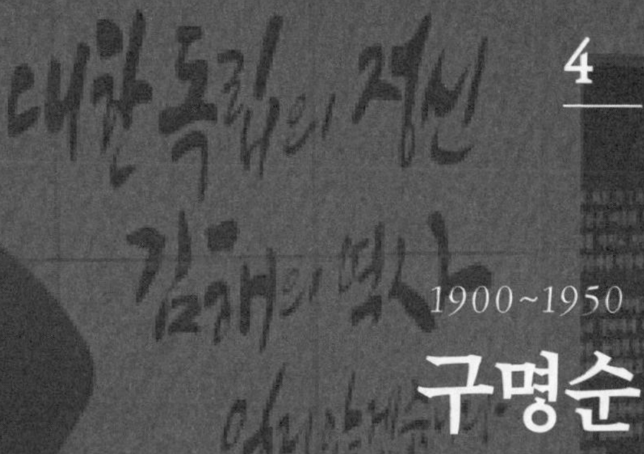

4

1900~1950

구명순

: 김해에서 가장 먼저 3·1 운동을 주도한
여성 독립운동가

김금수

〉 김해에서도 3·1 운동의 바람이 불다

경남 지역은 3·1 운동 기간 중 만세 시위가 가장 격렬하게 전개된 곳 중 하나다. 경남은 일본과 지리적으로 가까워 일찍부터 침략의 거점이 됐다. 그래서 일본인이 많이 거주하였는데, 1910년대 말 경남에는 경기도 다음으로 일본인이 많이 거주해 6만여 명에 달했다.

이런 정황 속에서 김해는 농업 생산성이 높은 지역으로 주민들의 소득이 높았고, 자의식도 강했다. 인근의 부산과 마산을 통해 새로운 문물과 사상을 받아들이기도 쉬웠다. 또한 쌀 생산의 중심지다 보니 일본의 수탈이 심하여 일본에 대한 김해 지역 사람들의 반감은 타 지역보다 높았다.

김해시 동상동 새마을금고 앞에 있는 김해장터 독립운동 현장 표지석. 김해에서 최초로 만세운동이 일어났던 장소인 김해장터 자리다. 김해장터는 현재 동상시장으로 바뀌었다.

경남의 3·1 운동은 전국에서 가장 길고 가장 늦게까지 전개되었다. 3월 11일에 발발하여 4월 29일까지 50일에 걸쳐서 총 179회의 시위가 거의 매일 전개됐다. 김해는 3월 30일을 시작으로 많게는 장유의 3,000명 규모부터 작게는 읍내의 7명의 참여로 일제 관헌 기록에 나와 있을 만큼 활발하게 일어났다.

╲ 정신여학교 학생으로 김해 만세 시위를 이끌다

구명순은 정신여학교(현재 서울의 정신여자고등학교의 전신)의 학생이었다. 서울에서 3·1 운동을 경험하고 3월 10일 학교가 휴교하자 3월 22일 고향인 김해로 내려왔다. 김해는 시위의 움직임이 있었으나 일본 헌병에 의해 미리 저지당하여 비교적 늦게 만세운동이 시작되었다. 구명순은 부녀자들을 상대로 만세운동에 나설 것을 독려했다.[1]

3월 30일 김해 야소교 예배당(현재 서상동에 있는 김해교회)에서 예배를 마치고 귀가하는 박덕수 등 부녀자들과 함께 김해군청(현재 김해맨션 인근) 앞 도로에서 "조선 독립 만세!"를 외치며 시위를 전개하였다. 당시 김해청년회원인 배덕수[2]도 이에 호응하여 김해군청 앞에서 독립 만세를 외쳤고, 북문 밖 답곡리(지금의 대성동 일대) 부근 십여 개소를 다니며 주민들에게 시

---

1. 1919년 4월 19일 부산지방법원 판결문 인용. 판결문에는 구명순의 당시 활동 내용이 소상히 실려 있다. 3월 30일 저녁 김해교회에 모인 부녀자 신자 10여 명에게 조선 각지에서 모두 소요하고 있는데 김해군만은 아직 한 번도 소요하지 않아서 오늘 밤 소요를 일으키러 가자고 주도했다는 내용이 적시되어 있다.

2. 배덕수(1895-1970) 김해 출신의 독립운동가. 현 김해시 대성동 출신. 1919년 3월 세브란스 의학전문학교 학생인 배동석(김해교회 배성두 목사의 아들)이 서울에서 독립선언문을 가지고 김해로 내려오자 임학찬, 송세희 등과 여러 차례 비밀리에 만나 만세 시위를 계획하였다. 3월 30일 밤에 독립 만세를 외치며 시위를 전개하였다. 이 사건으로 징역 6개월을 받고 옥고를 겪었다. 이후 조선청년연합회 의장으로 선출되었고, 북풍회를 결성하여 대중활동을 전개하였다. 1925년에는 조선공산당에 입당하였고, 정우회 집행위원으로 선출되어 활동하였다. 1929년에는 신간회 운동에 참여하는 등 사회주의를 기반으로 한 독립운동을 꾸준히 전개하였다.

위에 참여하도록 독려하였다. 이날 만세운동은 8명에서 시작하여 50여 명의 인원이 참여한 것으로 추정된다. 이날 시위는 자연스럽게 4월 2일에 일어난 김해장터 대규모 시위로 이어졌다.

이후 만세 시위는 3월 31일 진영리장터 만세 시위와 4월 2일 김해장터 만세 시위를 기점으로 오일장 네트워크를 따라 김해의 인근 지역으로 퍼져나갔다. 진영의 면서기였던 김우현을 비롯한 김정태, 김용환 등 진영 지역 청년들은 3월 31일 진영 장날을 기하여 대대적인 만세 시위를 전개하였다. 2차 시위는 4월 3일에 일어났는데, 인근 학생들이 합세하면서 규모가 300명에서 시작하여 약 2,000명으로 불어났다.

한편, 장유면 무계리장터 만세 시위는 김해에서 일어난 만세 시위 중에서 규모가 가장 컸다. 약 3,000명의 학생과 지역민이 만세 시위를 전개하고 무계리 내를 행진했다. 생림면 봉림리, 녹산면 생활리(현 강서구 생곡동)에서도 각각 만세 시위가 이어졌다. 명지면에서는 명정학교 등의 학생이 중심이 되어 만세운동이 전개되었다. 4월 16일에 일어난 이동리 만세 시위는 김해 지역의 마지막 시위로 여성에 의한 시위였다. 50여 명의 부녀자가 이동리 뒷산에 올라가 만세운동을 벌였는데, 일제는 군을 동원하여 발포하면서 무차별로 진압하였다.

김해 지역의 3·1 운동은 비교적 늦게 시작되었으나 그 규모는 다른 지방에 비교하여 결코 작지 않았으며 열기 또한 뜨거웠다. 장소로는 김해 읍내와 진영, 장유, 명지 등에서 다발적으로 일어났으며 장터를 중심으로 일어났다. 김해읍 만세운동은 여학생으로 시작해서 부녀자들이 마지막을 장식하면서 일제의 식민 지배에도 굴하지 않는 김해 여성들의 투지 넘치는 기상과 독립에 대한 뜨거운 열정을 보여준 역사로 평가된다.

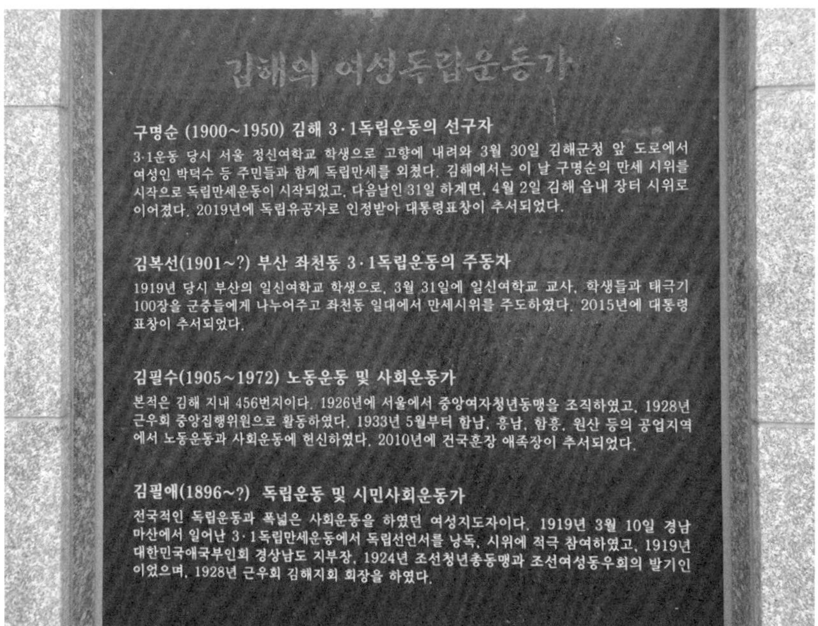

구명순 (1900~1950) 김해 3·1독립운동의 선구자

3·1운동 당시 서울 정신여학교 학생으로 고향에 내려와 3월 30일 김해군청 앞 도로에서 여성인 박덕수 등 주민들과 함께 독립만세를 외쳤다. 김해에서는 이 날 구명순의 만세 시위를 시작으로 독립만세운동이 시작되었고, 다음날인 31일 하계면, 4월 2일 김해 읍내 장터 시위로 이어졌다. 2019년에 독립유공자로 인정받아 대통령표창이 추서되었다.

김복선(1901~?) 부산 좌천동 3·1독립운동의 주동자

1919년 당시 부산의 일신여학교 학생으로, 3월 31일에 일신여학교 교사, 학생들과 태극기 100장을 군중들에게 나누어주고 좌천동 일대에서 만세시위를 주도하였다. 2015년에 대통령표창이 추서되었다.

김필수(1905~1972) 노동운동 및 사회운동가

본적은 김해 지내 456번지이다. 1926년에 서울에서 중앙여자청년동맹을 조직하였고, 1928년 근우회 중앙집행위원으로 활동하였다. 1933년 5월부터 함남, 흥남, 함흥, 원산 등의 공업지역에서 노동운동과 사회운동에 헌신하였다. 2010년에 건국훈장 애족장이 추서되었다.

김필애(1896~?) 독립운동 및 시민사회운동가

전국적인 독립운동과 폭넓은 사회운동을 하였던 여성지도자이다. 1919년 3월 10일 경남 마산에서 일어난 3·1독립만세운동에서 독립선언서를 낭독, 시위에 적극 참여하였고, 1919년 대한민국애국부인회 경상남도 지부장, 1924년 조선청년총동맹과 조선여성동우회의 발기인이었으며, 1928년 근우회 김해지회 회장을 하였다.

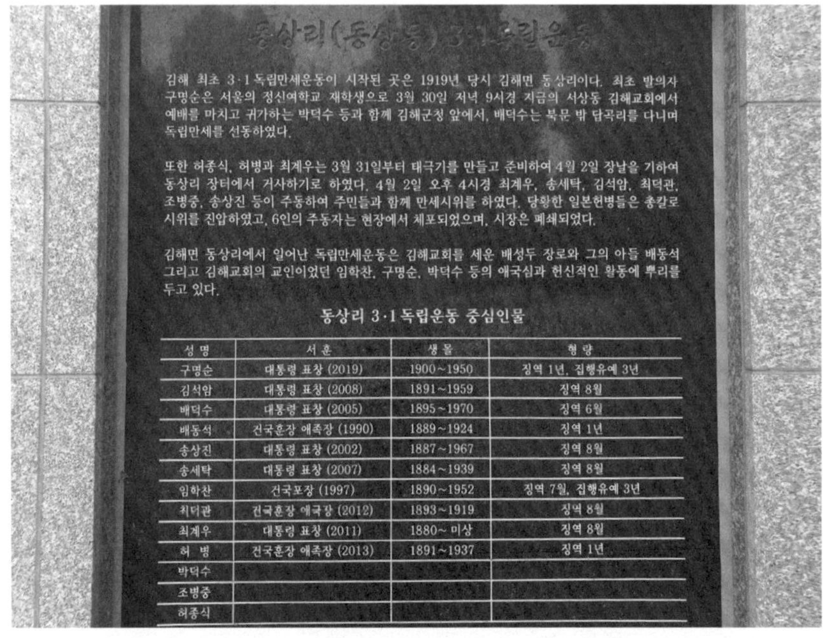

동상리(동상동) 3·1독립운동

김해 최초 3·1독립만세운동이 시작된 곳은 1919년 당시 김해면 동상리이다. 최초 발의자 구명순은 서울의 정신여학교 재학생으로 3월 30일 저녁 9시경 지금의 서상동 김해교회에서 예배를 마치고 귀가하는 박덕수 등과 함께 김해군청 앞에서, 배덕수는 북문 밖 답곡리를 다니며 독립만세를 선동하였다.

또한 허종식, 허병과 최계우는 3월 31일부터 태극기를 만들고 준비하여 4월 2일 장날을 기하여 동상리 장터에서 거사하기로 하였다. 4월 2일 오후 4시경 최계우, 송세탁, 김석암, 최덕관, 조병중, 송상진 등이 주동하여 주민들과 함께 만세시위를 하였다. 당황한 일본헌병들은 총칼로 시위를 진압하였고, 6인의 주동자는 현장에서 체포되었으며, 시장은 폐쇄되었다.

김해면 동상리에서 일어난 독립만세운동은 김해교회를 세운 배성두 장로와 그의 아들 배동석 그리고 김해교회의 교인이었던 임학찬, 구명순, 박덕수 등의 애국심과 헌신적인 활동에 뿌리를 두고 있다.

동상리 3·1독립운동 중심인물

성 명	서 훈	생 몰	형 량
구명순	대통령 표창 (2019)	1900~1950	징역 1년, 집행유예 3년
김석암	대통령 표창 (2008)	1891~1959	징역 8월
배덕수	대통령 표창 (2005)	1895~1970	징역 6월
배동석	건국훈장 애족장 (1990)	1889~1924	징역 1년
송상진	대통령 표창 (2002)	1887~1967	징역 8월
송세탁	대통령 표창 (2007)	1884~1939	징역 8월
임학찬	건국포장 (1997)	1890~1952	징역 7월, 집행유예 3년
최덕관	건국훈장 애국장 (2012)	1893~1919	징역 8월
최계우	대통령 표창 (2011)	1880~ 미상	징역 8월
허 병	건국훈장 애족장 (2013)	1891~1937	징역 1년
박덕수			
조병중			
허종식			

2021년 1월 김해 연지공원에 김해독립기념광장이 생겼다. 여기에 동상리 3·1 운동에 대한 기록이 상세히 나와 있고, 여성 독립운동가 구명순을 재조명했다. 더불어 김해를 빛낸 여성운동가 구명순, 김복선, 김필수, 김필애 지사에 대해서도 다뤘다.

〉 구명순에 관한 남아 있는 기록들

김해 시위를 가장 먼저 주도한 구명순의 생애에 대해서는 기록이 거의 없다. 현재 남아있는 구명순에 대한 기록은 이화여자대학교 의료원의 자료가 전부이다. 조선약학교(1918년에 세워진 한국 최초의 2년제 사립 약학 교육기관, 서울대학교 약학대학의 전신)에 1924년에 입학하여 1926년에 졸업해서 동대문부인병원에서 약제사로 전문 의료인 활동에 관한 기록이 있다. 이

학교를 졸업한 여성 약제사는 총 16명으로 매우 드문데, 구명순이 이에 포함되어 있다. 김해의 3·1 운동을 주도하고 이후는 의료인으로서 아픈 사람을 도우며 남은 생을 보냈다.

별세 69년 뒤, 광복 74년 뒤인 2019년에 독립의 공로를 인정받아 대통령 표창을 받고 1919년 김해 최초의 만세운동을 일으킨 역사도 인정받았다. 구명순은 혈육이 없어 조카 구은숙 씨(남동생의 딸, 현재 울산 거주)가 대신 표창을 받았다.

구명순은 김해 3·1 운동으로 일제에 붙잡혀 징역 1년에 집행 유예 3년을 선고받았고, 배덕수(1895-1970, 2005년 대통령 표창)는 징역 6개월에 집행 유예 2년을 선고받았다. 한편 만세 시위를 함께했던 여성 박덕수는 징역 6개월에 집행 유예 2년을 받았으나 실제 20일 정도 수감 기간으로 확인되어 3개월 이내의 실형을 받은 사람은 독립 유공 보훈 대상에 속하지 않는다는 보훈처 규정에 따라 인정받지 못하고 지금도 재판 기록만 있을 뿐 그 외 기록과 신분, 자손 등의 정보가 없다. 구명순은 별세 후 70년이 지난 2019년,

독립 유공을 인정받아 대통령 표창을 받았다. 이로써 김해 최초의 만세운동
으로 역사를 바로잡았다.

ゝ 개인의 용기와 시대 의식이 역사를 이끌다

만 19살의 학생인 구명순이 어떻게 김해 최초로 만세운동을 주도했을까?
함께 거사를 도모했던 의사들은 없었을까? 당시 정신여학교는 민족정신과 근
대 교육을 중시했으며 교사와 선배들 다수가 독립운동에 참여했고, 여성에게
도 사회 참여와 책임감을 강조했다. 구명순은 서울의 많은 사람이 만세운동
에 참여하는 것을 보았고, 자신도 함께했을 것이다. 그리고 비록 학생 신분이
었지만 지식인으로서 앞장서야 한다는 책임감도 있었을 것이다. 개인적 용기
와 시대 의식이 구명순을 김해 3·1 운동 역사의 가장 앞으로 이끌었다.

또한 당시의 판결문을 보면 김해교회의 부녀자 이외의 인물들에 대해서는
언급이 없다. 함께 모의한 사람들을 발설하지 않았을 가능성이 높다. 3월
30일 구명순의 이후로 김해장터와 진영, 장유 등에서 들불처럼 만세운동이
일어난 것을 고려한다면 사전 모의가 당연히 있었을 것이다. 특히 김해 지

역의 3·1 운동을 주도했던 배동석[3]과 임학찬[4]이 김해교회의 교인이었으니 그들과 사전에 교류했을 것으로 추정된다. "내가 교회의 부녀자들과 먼저 나설 테니 동지들은 이후의 만세운동에 전력을 다해주세요. 이 길은 나의 길입니다. 학생이라 해도 여인이라 해도 대한 사람이라면 당연히 나서야지요"라고 비장한 목소리로 각오를 다졌을지도 모른다. 상상에 불과하지만 그런 장면들이 머릿속에 그려진다. 구명순은 치열하게 저항했고, 긴 침묵 속에서도 꺼지지 않는 불꽃이었다.

꽃다운 나이에 남보다 먼저 앞서서 '대한독립만세'를 외쳤던 사람들이 있었고, 알려지지 않은 많은 사람이 사진 한 장 없이 역사 속에 묻혀 있다. 이들이야말로 우리가 기억해야 할 시대의 영웅이며, 이들을 발굴하여 세상의 빛을 보게 하는 일이 우리의 몫이다.

---

3. 배동석(1889-1924) 김해 동상동 출신의 독립운동가. 아버지는 김해교회 설립자인 배성두이다. 세브란스 의학전문학교 학생으로 1919년 3월 1일 탑골공원 만세 시위에 참여하였고, 3월 5일 학생들의 만세 시위를 주도했다. 독립선언문을 가지고 고향으로 내려와 김해와 마산에서 만세운동을 독려하고 주도했다. 이후 서대문형무소에서 혹독한 고문에 시달렸고, 그 후유증으로 1924년, 33세의 나이에 생을 마감했다.

4. 임학찬(1890-1952) '이 풍진 세상을 만났으니 너의 희망이 무엇이냐'라고 시작하는 「희망가」를 만들었다. 당시 암울했던 우리나라의 상황을 가사로 만들어 외국 곡에 입혔다. 김해 출신으로 김해 합성학교에서 교편을 잡았고, 3·1 운동이 일어났을 당시에는 마산 창신학교 교사였고, 김해와 마산의 3·1 운동을 주도했다.

5

1900~?

김복선

: "우리가 모두 주동자"
일신여학교 만세운동의 주인공

김금수

  부산시 동구 좌천동에 있는 부산진일신여학교 기념관에 다녀왔다. 김복선이 3·1 운동 당시 다니던 학교다. 가파른 경사를 따라 길을 올라가면 오래된 붉은 벽돌의 단아한 2층 건물이 나온다. 당시의 부산진일신여학교다. 100년도 더 지났지만, 우리 역사와 함께한 기품이 있는 건축물이었다. 2층 발코니에 올라서서 내려다보니, 당시엔 바다가 보였을 법하다. 지금은 앞쪽은 높은 아파트로, 기념관 주위는 교회와 주택으로 둘러싸여 그 앉음새가 불편해 보인다. 여학생들이 뛰어놀던 운동장은 저쪽일까? 천을 잘라 함께 태극기를 만들었다는 기숙사는 또 어디일까? 머릿속에서 여러 모습이 그려졌다.

부산시 동구 좌천동 경사진 언덕 가운데 자리 잡은 부산진일신여학교. 주택과 교회에 둘러싸여 외롭지만 100년 동안 이 자리에서 역사의 굴곡을 지켜보고 있다. 붉은 벽돌로 된 2층 건물로 단아한 자태를 보인다. 2006년 복원하여 현재는 기념관으로 사용하고 있다.

　　　　　　　　　　　　　　　　　　　　　　　　김해여성인물사

이 건축물은 부산에서 가장 오래된 서양식 건축물 중의 하나다. 호주 선교회 여성 선교사인 멘지스와 페리가 1895년 고아원과 교인 자녀를 대상으로 하는 일신여학교를 설립했다. 멘지스는 버림받은 소녀들의 어머니이자 부산의 여성과 소녀들을 위한 선교사였다. 1909년에는 현재의 건물로 다시 짓고 사립학교의 인가와 고등과도 추가했다. 이 학교는 여러 의미가 있다. 한강 남쪽 지역에 생긴 최초의 근대여성교육기관이며, 부산 지역 최초의 만세운동이 시작된 항일 운동의 요람이다. 호주 선교사들은 여성 교육을 중요하게 생각하였고, 이 학교는 그 역할을 담당함과 동시에 민족교육과 소외계층에 대한 교육을 중요하게 여겼다.

⟩ 치마와 저고리를 뜯어 태극기를 만들다

김복선은 김해 동상동 출신으로 3·1 운동 당시 부산의 일신여학교 4학년에 재학 중이었다. 서울에서 만들어진 독립선언서가 비밀리에 지방으로 전해졌고, 특히 경성학생단 대표가 부산으로 와서 부산공립상업학교(현 개성고)와 동래고등보통학교(현 동래고) 대표들에게 독립선언서를 전달하면서 그 분위기가 고조되었다. 당시 일신여학교 교사였던 주경애는 학생들을 시켜 비밀리에 부산상업학교 학생들과 연락을 취하고 한편으로는 일신여학교 동료 교사들을 규합하여 일신여학교에서도 만세운동에 동참할 것을 종용, 이를 고등과 학생들에게 알려주었다. 일신여학교 3학년 학생 이명시(교장인 마가렛 데이비스의 수양딸)가 만세운동 정보 전달 역할을 맡았다. 당시 일신여학교는 지방에서 온 학생들을 위한 기숙사를 운영하고 있었는데, 15명 정도가 기숙하고 있었다.

이때 고등과 4학년에 재학 중이던 김복선은 주경애, 박시연 교사의 지휘 아래 일신여학교 학생들과 함께 시위 항쟁을 계획했다. 이들은 3월 11일을 시위 일자로 정하고, 3월 10일 월요일 수업을 마치고 기숙사로 돌아와 밤 10시쯤 주경애 선생의 방에 모였다. 경찰의 눈을 속이기 위해 전깃불을 끄고 이불로 창을 가린 뒤, 교대로 망을 보며 촛불을 밝힌 채 태극기를 만들었다. 태극기의 천은 친구 김반수가 혼수용으로 준비해 두었던 옥양목 한 필을 부모 몰래 가지고 왔지만 부족하여 마을 포목점에서 더 구매했다. 태극의 원은 사발을 엎어 그렸고, 깃대는 기숙사 옆의 작은 우물가 대숲에서 가는 대나무를 꺾어 만들었다. 실제로 학생들은 치마를 찢어 태극기를, 저고리를 뜯어 작은 수기를 만들기도 했다. 이렇게 밤을 새워 태극기 100여 개(일본 측 자료에는 50개)를 제작했다.

다음날 11일. 김복선을 포함한 13명(일본 측 자료에는 11명)의 학생들은 졸업시험이 끝나고 집으로 돌아가 저녁을 먹은 뒤, 다시 주경애 선생의 방에 모여 태극기를 나눠 가졌다. 그리고 거리로 뛰쳐나가 "대한독립만세"를 외쳤다. 그 시간이 밤 9시경이었다. 김복선은 학생들과 함께 좌천동 일대에서 군중들에게 태극기를 나누어 주고 만세 시위를 주도했다. "태극기를 가는 사람 오는 사람에게 나눠 주고 목이 터지라고 대한독립만세를 불렀습니다. 부르다 부르다 지쳐 쓰러지면 또 용기 내어 불렀습니다." 당시 16세였던 김반수의 회고다. 범일동 쪽으로 밀고 들어가다 이내 일본 경찰의 총검 앞에 뿔뿔이 흩어졌고, 길바닥은 삽시간에 피로 물들었다고 한다.

부산 경찰서 형사들은 일신여학교 기숙사를 수색하고, 헛간의 등겨 속에 묻어 두고 미처 처리하지 못한 태극기와 태극기 제작에 사용되었던 물감과 필묵 등을 압수해 갔다. 이것이 후일 재판에서 증거품으로 제시되었다. 김복선은 다른 주동자들과 함께 부산지방법원에서 보안법 위반으로 징역 5개월을 선고받아 복역했다. 일신여학교의 만세 시위는 부산에서 일어난 첫 만세운동이었고 3월 13일 동래고보 의거, 3월 19일 범어사 의거, 3월 29일 구포장터에서 잇따라 만세운동이 일어났고, 부산 경남 일대로 들불처럼 만세운동이 퍼졌다.

3·1 운동에 주도적으로 참여했던 일신여학교 선생과 학생

만세운동에 가담하지 않았더라면 김복선은 부산진일신여학교 7회 졸업생으로 졸업할 수 있었다. 하지만 김복선을 포함해 김반수, 심순의, 김봉애 등의 졸업생들은 주경애, 박시연 선생의 출옥을 기다리며 이듬해인 1920년 봄, 8회 졸업생들의 졸업식을 먼저 치른 뒤 두 교사와 함께 졸업식을 거행하였다. 김복선은 2015년에 대통령 표창에 추서되었다.

이 사진은 옥고를 치르고 난 후에 촬영한 것이다. 동그라미 속의 인물은 출옥 뒤에 함께 찍지 못해 다른 사진으로 대신했다. 김복선 지사의 이름도 있으나 어떤 인물이 김복선인지 알 수 없다.

〉 주동자는 없다 우리 모두가 주동자다

출옥 후의 사진을 보면 여전히 댕기 머리에 저고리를 입은 소녀들이다. 그 소녀들이 부산에서 가장 먼저 만세 시위를 일으켰다. 태극기를 그릴 천이 없어 김반수의 혼수 옥양목에다 한 땀 한 땀 그렸다(그 옥양목 태극기는 전시관에 전시되어 있다). 그렇게 겨우 마련한 태극기로 열다섯에서 스무 살 소녀들이 거리로 나가 만세를 외쳤다. 소녀들은 두려움이 없었을까? 그렇지 않았을 것이다. 나라를 잃은 설움과 뭔가 해야겠다는 결기가 두려움을 넘어선 것이다. 만세운동을 한 선생과 학생들 대부분이 일제 경찰에 붙잡혔다. 교사인 주경애와 박시연은 징역 1년 6개월의 형을 선고받았고, 김반수를 비롯한 학생들은 징역 5개월의 옥고를 치렀다. 심한 고문도 받았을 것이다. 옥고를 치른 김순이는 징역 후유증으로 얼마 못 가 생을 마감했을 정도였다. 일제 경찰들은 주동자를 말하라고 협박했다. 실제로 교사들이 주축이 되어 선도하였지만, 학생들은 하나같이 "우리가 모두 주모자"라고 주장했다고 한다.

3·1 운동 이후 김복선은 어떤 삶을 살았을까? 당시 김해에서 일신여학교로 유학을 갈 정도면 상당한 엘리트임이 분명하다. 게다가 열아홉 살의 나이로 가장 먼저 만세운동에 앞장섰던 인물 아닌가. 하지만 아쉽게도 이후의 행적에 대해서는 알려진 바가 없다. 평범한 삶을 살지는 않았을 것이다. 일제 강점기 그 굴욕의 시간을 견디며 사람들과 함께 묵묵히 자신의 길을 걸었을 터. 부디 김복선의 마지막이 아프지 않았기를 빌어본다.

깔끔하게 정리된 기념관을 세심하게 살펴보고 다시 베란다에 섰다. 기념관에 있는 독립운동에 매진한 여학생들의 모습을 보고 난 후의 풍경은 그 전과 달랐다. 앞쪽의 좁은 마당은 학생들이 뛰어놀던 넓은 운동장으로, 앞쪽 큰 길가와 주택가는 그들이 태극기를 들고 나가 뜨거운 함성을 외치던 모습과 겹쳐졌다. 오랫동안 기억의 보살핌을 받지 못했던 여학생들의 뜨거운 모습을 담아낸 기념관이 고맙다.

1905~1972

김필수

: 조선족 동포들의 어머니 교장

이광희

김필수(1905-1972)는 김해에서 출생하여 서울과 함경도, 소련, 중국 등지에서 독립운동을 하다 중국 연변에서 동포들을 위한 교육사업에 종사했던 독립운동가이자 교육자이다. 김필수는 독립운동과 지하운동을 했던 사람들의 필요에 따라 만든 다른 이름이 있는데, 그 이름은 박혜숙, 치야노파, 최성려, 김찬해 등이 있다. 광복 이후 중국 연변에 거주할 때의 이름은 김찬해를 사용하였다.

〉 김해 농민의 딸, 서울의 중앙여자청년동맹에 참여하다

김필수는 1905년 4월 21일 현재의 김해시 지내동 456번지의 농가에서 태어났다. 김해에서 소학교를 졸업한 후 1922년 서울의 동덕여자중학교에 입학하였다. 여기에서 그녀는 시대적 소명을 일깨운 사람을 만나게 되는데, 그 사람은 교사 권태희였다. 이 권태희 교사는 학생들에게 여성해방과 사회주의 사상을 심어주었다고 한다. 이 권태희 교사의 지도로 김필수는 사회주의 사상을 접하여 자신의 것으로 만들어갔다.

1926년 12월 5일 김필수는 학생 신분으로 서울 낙원동에서 여성들의 대중적 교양과 조직적 훈련을 목적으로 한 중앙여자청년동맹 결성에 참여하였다. 중앙여자청년동맹은 화요파의 경성여자청년동맹과 서울파의 경성여자청년회가 통합하여 '무산계급의 승리 및 여성해방을 위해 청년 여성의 단결과 분투, 대중적 교양과 조직적 훈련'을 기치로 내걸었다.

1926년 동덕여자중학교를 졸업한 김필수는 1928년 봄까지 2년 동안 동덕여자보통학교에서 교사로 일하였다. 이 학교에서 김필수는 또 한 사람의 혁명가를 만난다. 그는 당시 조선공산주의청년회 서울 지역 책임자였던 고광수였다.[1] 고광수의 지도와 안내로 김필수는 1926년 조선공산주의청년회에 가입하였다. 김필수는 비밀리에 독서회와 웅변모임을 가지고 청년 여성들에게 반일민족독립운동의 불씨를 심어주는 지하운동을 하였다. 김필수는 1927년 5월 조직된 근우회 활동에 참여하였으며, 1928년 2월 24일 개최된 근우회 경성지회 제1회 창립준비위원회에서 서무부 위원으로 선출되었다. 같은 해 7월 14일부터 열린 근우회 전국 임시대회에도 경성지회 대의원으로 참석했으며, 7월 16일 열린 중앙위원회에서 중앙집행위원으로 선출되었다. 전국 임시대회 개최 이전 행동강령을 논의하는 3인 위원회에서 전쟁에 반대하는 슬로건을 채택할 것을 주장하였다.

---

1. 고광수(1903-1930) 강원도 횡성군 군내면 읍상리 326번지의 농가에서 태어났다. 1920년 경성부 중동학교 중등과에 입학했다. 2학년 재학 중이던 1921년 3월 1일 3·1 운동 기념 선전문을 인쇄하여 배포했다가 이 사실이 일본 제국 경찰에 발각되어 3개월간 옥고를 치렀다. 출옥 후 중동학교에서 퇴학 처분을 받자 1921년 6월 북간도로 망명했다. 곧 연해주로 이동해 러시아 내전에 참가하여 고려혁명운동 의용병대에 소속되어 러시아 백군과 맞서 싸웠다. 1922년 3월 대한의용군에 입대하여 8월까지 하바로프스크에 머물다가 동방노력자공산대학에 입학하였다. 그는 1925년 10월 국내로 돌아와 독립운동을 펼치다 1929년 북청경찰서에 체포되어 고문 후유증으로 폐결핵에 걸려 신음하다 1930년 1월, 병보석으로 풀려나 그해 2월 5일 김해에서 요양 중 병사하였다. (2007년 건국훈장 애족장이 추서)

모스크바 동방대학에서 임민호를 만나다

이렇게 서울에서 민족의 독립과 평등을 위해 정열을 불태우고 있던 김필수에게 고광수는 "모스크바 동방대학에 가서 공부하여 다시 조국에 돌아와 혁명사업을 하기를 바라오"라고 하며 모스크바 유학을 권했다. 김필수는 기쁘게 수락하였고, 모스크바 동방대학으로 갔는데, 거기서 함경북도 회령 출신으로 일찍이 연변 용정으로 이주, 연길에서 생활하며 만주고려공산주의청년동맹에 가입해 활동하고 있던 나이 한 살 위의 임민호(현지 표기: 림민호, 林民鎬)를 만난다.[2]

모스크바 대학 시절 김필수는 1929년 12월 19일 열린 조선·일본반 합동회 6일 차에 근우회 운동에 대한 평가와 여성운동 필요성 등에 대해 연설하였다고 한다.

임민호는 1923년에 결혼하여 세 아이를 두었지만 이별을 하였는데 1928년 모스크바 동방대학에서 김필수를 만나 1930년에 재혼을 하고 다음 해인 1931년 아들을 낳는다.

1932년 김필수와 임민호는 대학과정을 졸업하고 사회주의국가의 제도대

---

2. 모스크바동방대학(동방노력자공산대학)은 1921년 코민테른에 의해 설립된 식민지 피지배국 운동가들을 체계적으로 교육하기 위한 기관이었다. 이 대학에서는 선전, 노조 건설 등 혁명가로서 가져야 할 실제적인 내용도 가르쳤다. 이 대학을 거쳐 간 아시아의 혁명가 중에는 중국의 덩샤오핑과 류사오치, 베트남의 호찌민이 있었고, 당시 조선에서는 조봉암, 주세죽, 김만겸, 허정숙, 김용범, 조일명, 한빈, 고광수, 정달헌, 오성륜, 방호산 등 역대의 혁명가들이 이 학교에서 유학했다.

로 국가가 지정하는 직업과 임무를 부여받았다. 1932년 5월, 대학을 졸업한 후 김필수는 남편 임민호와 함께 모스크바 교외에 있는 우제르나 휴양소에서 국제 노동운동에 대한 문제와 지하공작에 관계되는 기술·지식을 익혔다.

〉 조국해방 혁명의 길에 뛰어들다

 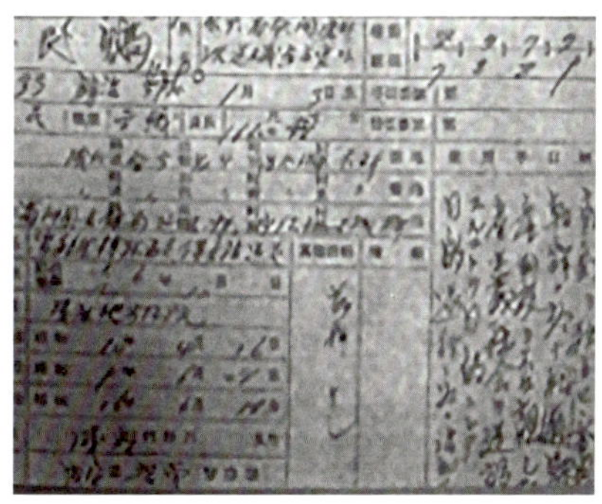

1930년대 임민호가 서대문형무소에 있을 때의 모습과 판결서

김필수는 1932년 9월 국제직업동맹 중앙본부로부터 함흥·흥남 등을 중심으로 노동조합을 조직하라는 비밀임무를 받았다. 1933년, 2월 18개월 된 첫 아이를 국제고아원에 맡기고 모스크바를 떠나 3월 22일 블라디보스토크에서 연락부로 사업 보고를 왔던 남편 임민호를 만났다. 그들은 비밀리에 국경을 넘어 함흥과 흥남지구로 갔다. 임민호의 지도로 함흥과 흥남지구 노동조합의 조직사업은 활기를 띠었다. 이처럼 사업이 한창 진척되고 있

을 때 한 반역자의 밀고로 임민호는 독립자금을 운반하다 일본 경찰에 체포되었다. 6년 징역의 판결을 받고 감옥 내 투쟁으로 7년을 서대문형무소에서 산 임민호는 1940년 9월이 되어서야 출옥하여 화룡현으로 돌아왔다. 남편의 구속 후 김필수는 블라디보스토크로 돌아가 최성려라는 이름으로 연락부에서 사업을 하다가 조직의 파견을 받고 다시 조선에 나가 지하투쟁을 전개하였다. 1935년 1월 그녀도 한 반역자의 밀고로 일본 경찰에 체포되어 징역 4년을 선고받았다. 김필수는 1939년 출소 후 고향 김해로 가서 친정살이하다가 남편의 소식을 듣고 화룡현으로 와서 재회하였다. 부부는 중국 지린성 화룡(허룽)현과 춘화(둔화)현 등지에서 농사를 지으며 항일유격대의 소분대가 출몰하기를 기다렸으나 끝내 만나지 못하고 돈화에 있는 임산작업소 현장을 전전하면서 지내다 해방을 맞게 되었다.

﹨ 혁명의 의지로 연변에서 교육에 임하다

1945년 8월 9일 김필수·임민호는 소련이 일본에 선전포고하고 소련군이 연변으로 온다는 소식을 들었다. 이때 그들에게 뜻하지 않는 일이 생겼다. 8월 12일 밤, 돈화의 일본 헌병들이 그들의 집에 뛰어들어 부부를 체포하여 돈화 감옥에 감금하였다. 그들은 '전시 치안법'에 근거하여 이른바 '위험분자'들을 구류한다는 것이었다. 그때 세 살 된 둘째 임명우도 어머니와 함께 유치장에 감금되었다가 8월 15일 풀려났다.

만주를 점령한 소련군 사령부에서는 일찍 모스크바동방대학에서 유학하였고 러시아어를 잘하는 그들에게 사령부의 번역원 겸 연락원 직무를 맡겼다. 그때로부터 그들 부부는 소련군에 협조하여 일본군의 무장해제, 치안유지, 친일파 숙청 등의 업무로 분주했다.

1945년 9월 20일, 돈화 영화관에서는 임민호의 사회로 100여 명의 대표가 참가한 돈화현 민중대표회의가 열렸다. 대회에서는 임민호를 위원장으로 하는 돈화현해방동맹의 성립을 선고하였고 김필수는 해방동맹 산하의 여성해방동맹의 책임자로 선임되었다. 김필수는 광범한 여성들을 조직, 동원하여 전선 지원사업에 심혈을 기울였다.

이후 중공길림성위와 길림성 정부가 연길시로 옮길 때 김필수도 연길로 전근되어 연변의 부녀 사업을 책임지고 진행하였다. 그리고 야학을 꾸리며 문명 퇴치 활동을 활발히 벌여 연변의 부녀 사업이 활기를 띠도록 노력하였다.

〉 어머니 교장, 수많은 동포 제자를 양성하고 연변에 묻히다

1948년이 되자 연변에서는 (조선)민족의 힘으로 건립하여 민족의 인재를 양성하자는 대학 건립의 움직임이 일어났다. 그리하여 지금까지 중국 연길에 (조선)민족의 대학으로 우뚝 서 있는 연변대학교가 건립된 것이다.

준비 과정에서 초대 교장은 주덕해, 부교장으로 임민호가 예정되어 1951년 6월 정식 임명장이 나왔다. 주덕해 교장은 겸직으로서 학교에 자주 나오지 않는 상황에서 임민호 부교장이 학교의 일을 주관했다. 개교 당시 임민호는 서대문형무소에서 받은 고문 후유증으로 건강에 이상이 있었지만, 본인의 노력과 동지들의 협조로 업무를 수행하였다. 임민호 부교장은 연변대학 건립과 초기의 기초를 놓는 데에 가장 큰 역할을 하였던 공로를 인정받고 있다.

1955년 5월, 김필수는 연변사범학교의 제1부교장으로 임명되었다. 매일 한복차림으로 출근하여 젊은 교원과 학생들을 친자식처럼 따뜻이 대하고 그들의 애로를 풀어주어 그들로부터 '어머니 교장'이라는 이름으로 불렸다. 김필수가 사범학교에서 사업하는 기간에 양성해 낸 학생은 1,000명이 넘는다.

1961년 1월, 연변을 찾은 셋째아들 임마이의 가족과 함께 촬영한 임민호, 김필수 부부 (사진 출처: 김호웅, 『이 세상 사람들 모두 형제여라 교육가 림민호 평전』 2008, 재외동포재단)

그러나, 문화 대혁명 기간에 임민호, 김필수 부부는 모진 고난을 겪는다. 1966년 10월부터 홍위병들은 부교장인 임민호를 대중들 앞에 불러내어 변절자라고 조리돌림을 당하고 외국 간첩으로 문초하여 인사불성이 되도록 괴롭혔다. 김필수도 '반역자', '소련 특무'라는 모함과 문초를 받았다. 결국, 임민호는 모진 박해 속에 1970년 7월 15일 아내 김필수의 팔에 안기어 세상을 떠났다. 아내 김필수도 남편을 잃은 외로움 속에 아들네 집에 가서 연거푸 풍을 맞고 시름시름 앓다가 일 년 후인 1971년 11월 10일 세상을 떠나 남편 곁으로 가고 말았다. 평생을 민중과 민족을 위해 수난을 무릅쓰고 일생을 바쳤던 두 사람의 말년은 문화혁명의 소용돌이 속에 너무도 안타깝게 끝났다.

⟩ 명예 회복, 조국은 김필수, 임민호 부부를 독립 유공자로 인정하다

임민호 연변대학교 부교장의 사후 8년이 되던 1978년 7월 14일, 중국공산당 연변주위에서는 그에게 씌웠던 모든 죄명을 벗기고 명예를 회복한다는 결정을 선포하였다. 이날 연변대학교 본관 4층 회의실에서 연변조선족자치주의 지도자들, 연변의 문화, 교육, 출판, 신문 분야 대표와 연변대학교 사생대표 등 200여 명이 참가한 가운데 임민호 부교장의 추도회와 유해 이장식을 거행했다. 의식이 끝난 뒤 가족의 요구대로 유해 일부는 연변대학교 정원에 뿌렸고, 일부는 화룡현 동성향 뒷산 임씨네 가족묘지에 이장하였다.

또한 중공중앙위원회 제11기 제3차 전원회의 후 중국공산당에서는 김필수의 누명을 벗겨주는 추도회를 진행하였다. 그녀의 유골은 임민호의 유골과 함께 화룡현 흥성촌 뒷산으로 이장되었다.

연변대학교는 1989년 4월 개교 40주년에 연변대학교 캠퍼스 안에 임민호 부교장의 석상을 세웠고 2004년에 동상으로 바꾸었다.

이로써 임민호는 시간은 지났지만, 항일 투사·혁명가·교육가로서 평생의 가치를 인정받고 존경받게 되었다. 아울러 평생 함께 투쟁하며 고난을 견디고, 조국을 지키는 데 헌신했으며, 후세 교육에 몸 바친 김필수도 명예를 회복했다.

연변사범학교의 제1부교장이었던 김필수는 매일 한복차림으로 출근하면서 '어머니 교장'이라는 이름으로 불렸다. 반도의 남쪽 김해에서 태어나 전국을 누비고, 소련과 중국을 무대로 고난을 견디면서 조국의 광복을 찾고 사랑과 평등을 실현하였던 우리의 자랑스러운 여성이다.

김필수·임민호의 손녀 임영 씨
(사진 출처: 조선일보)

이 훈장은 2008년 8월 15일 청주시민회관에서 열린 건국 60주년 기념식에서 대한민국 정부는 충북대 국문과 박사과정에 유학하던 조선족 임영 씨에게 조부 임민호 선생의 건국훈장 애족장을 수여하였다. 훈장을 받은 김필수·임민호의 손녀 임영 씨는 "제가 태어나기 2년 전 할아버지는 너무도 쓸쓸하고 비참하게 돌아가셨답니다. 국가와 동포를 위해 평생을 몸 바치신 분이 문화대혁명의 격랑을 견디지 못하고 희생됐지요. 할아버지는 1919년 국내에서 3·1 운동이 발발하자 연변 지역 조선인들은 룽징시내 광장에서 반일 민중대회를 열었고, 이때 16살 소년이었던 선생은 천주교회 종루에 올라가 행사 시작을 알리는 교회 종을 쳤습니다. 일제의 총칼에 시위대 수십 명이 무참히 살해

되는 것을 목격한 할아버지는 이후 독립운동에 투신하였고 1933년 1월 독립운동 자금 조달을 위해 블라디보스토크에 가서 돈을 받아 함흥으로 돌아오다 체포돼 6년 징역을 살았습니다"라고 전했다.

또한 2008년에는 재외동포재단의 출판 기획으로 조선족의 민족교육을 이끄는 연변대학교 창시자의 한 사람으로 대학 발전의 기틀을 마련한 임민호 전 부교장의 평전이 발간됐다.

그리고 2년 뒤인 2010년, 대한민국의 국가보훈처는 김필수의 차남 임명우에게 김필수의 건국훈장 애족장을 추서했다. 2021년 4월 15일 주선양 총영사관 연변지역 독립 유공자 후손들과 간담회 자리에 독립운동가 김필수·임민호의 차남 임명우가 참석했다.

사진 왼쪽이 김필수·임민호의 차남 임명우 씨

김필수의 생가터인 현재의 김해시 지내동 456번지의 모습, 옛날 농촌이었던 동네의 모습은 변하여 주택가가 되어 있다.

18××~19×× 추정

강담운

: 시와 김해의 시간

금지은

언젠가 강담운의 길을 걸었다. 김해 지역의 곳곳에 표현되었던 그리움의 언어, 그 길을 따라 1870년대의 김해 '금릉로드' 속으로 떠나 볼까 한다. 강담운이 남긴 시 중에서 그녀의 삶을 짐작해 볼 수 있는 구절이 있다.

옛날을 생각하고 또 옛날 생각
유영의 봄에 나고 자랐지
여덟 살에 어머니를 따라
배를 타고 남쪽 나루를 건넜네.
분성객관에 잘못 떨어져
구란에 이 몸 맡겼네.

憶昔復憶昔 生長柳營春
억석복억석 생장류영춘
八歲隨慈母 乘潮南渡津
팔세수자모 승조남도진
誤落盆城舘 句欄委此身
오락분성관 구란위차신

— 「옛날을 추억함」 시작 부분

‘유영’은 평안도의 병영을 이르는 말이고, ‘분성’은 김해, ‘구란’은 기녀나 배우들이 거처하는 곳이다. 강담운은 평양에서 기녀의 딸로 태어나 자라다가 여덟 살에 김해로 왔던 것으로 보인다. 어머니의 신분을 따라 기녀의 삶을 살았던 강담운은 글씨를 잘 썼고, 시를 잘 지었다.

열다섯에 부부가 되어
첫날밤도 못 지냈네.
오늘 아침 거울 속에
흰머리 뽑으니 꽃다운 나이 어디 갔나?

十五爲夫婦 芳年未破苽
십오위부부 방년미파과
今朝明鏡裏 鑷白感年華
금조명경리 섭백감년화

— 감회

그녀가 언제 태어났는지, 언제 세상을 떠났는지 알 수 없지만, 그녀가 사랑했던 사람, 그녀가 배회했던 거리, 꿈꾸었을 김해의 모습이 생생하게 담겨 있는 시가 남아있다.

지재당은 조선 후기 김해 기생인 강담운(姜澹雲)의 호다. 그의 연인 배전

(裵娟)의 호 차산(此山)과 함께 가도[1]의 '지재차산중(只在此山中)'에서 가져온 것이다. 오직 차산의 품에만 있겠다는 맹세의 말이기도 하다. 그녀는 김해 관아의 기생이었고, 차산 또한 김해인이다. 김해 객사의 일부인 함허정[2]은 현재 연화사 대웅전 자리에 있었다. '하늘을 담는다'라는 뜻으로 함허정에 거처한 적이 있으므로 만남은 자연스레 이루어졌을 것이다. 시, 글, 그림에 뛰어난 문인화가였던 차산과 마찬가지로 시를 잘 짓고 글씨를 잘 썼던 지재당과의 만남은 곧 연인으로 발전되었으리라 짐작된다.

서쪽을 보니 용의 발굽 구름이 뭉실뭉실

고을 원님 기우제 올리고 말 천천히 돌아가네.

저물녘 함허정에 붉은 촛불 밝히니

아가씨들 노래하고 백구는 시를 쓰네.

西望龍蹄雲淡淡 使君禱雨馬回遲

서망룡제운담담 사군도우마회지

暮入涵虛紅燭爛 女娘爭唱白鷗詞

모입함허홍촉란 여낭쟁창백구사

---

1. 가도(賈島, 779-843): 중국 당나라의 시인. 시 「심은자불우(尋隱者不遇)」 중 한 구절.
2. '하늘을 담는다'라는 뜻으로 함허정 연못에 핀 연꽃은 금릉팔경 중 하나로 추정된다. 정자는 없어졌지만, 함허교(涵虛橋)라 새겨진 비석과 팔각 주춧돌 하나가 옛 함허정의 흔적으로 남아있다.

연자루[3] 앞 버들개지

버들개지와 제비가 석양에 비껴나네.

제비는 꽃을 쫓고, 꽃은 제비를 쫓아

성안의 여러 집으로 흩어져 들어가네.

燕子樓前楊柳花 楊花燕子夕陽斜

연자루전양류화 양화연자석양사

燕逐飛花花逐燕 城中散入萬人家

연축비화화축연 성중산입만인가

– 금릉잡시(金陵雜詩)

김해 사람들의 억센 사투리, 호탕한 웃음, 지금은 많이 변한 동상동 시장
이지만 이 골목을 걸을 때도, 그의 언어에는 깊은 여운이 살아난다.

구지봉[4] 머리에 붉은 노을 비치고

후릉[5]의 송백엔 가을 바람 이네.

---

3. 시에 등장하는 연자루는 '제비가 드나드는 곳'이란 뜻으로 조선 시대 김해 객사 후
   원에 있던 누각이다. 진주 촉석루, 밀양 영남루와 함께 영남의 3대 누각이었다. 현
   재 그 자리에는 연화사와 동상동 칼국수 타운이 들어서 있다.
4. 가락국의 시조가 된 김수로왕 탄강 신화가 있는 곳이다. 1983년 김해 지방기념물
   제58호로 지정되었다.
5. 허왕후 무덤이다. 구지봉 동쪽 자좌(子坐) 이다. 1930년대 국도 14호 개통으로 귀
   수지형(龜首地形)이 절단되었으나 1993년 구지봉과 왕후능역을 연결하는 축산(築
   山) 공사가 완공되었다.

상심한 한 조각 파사의 돌[6]

늘어진 풀 쓸쓸한 안개 참으로 적막하다.

龜旨峰頭落照紅 傷心一片婆娑石

구지봉두락조홍 상심일편파사석

后陵松柏起秋風 蔓草荒烟寂莫中

후릉송백기추풍 만초황연적막중

김해는 오래된 왕도의 기억을 품은 도시다. 수로왕의 전설과 가락국의 신화가 이 땅 깊이 뿌리 내려있다. 봉황동 고분군의 아름다운 언덕은, 그 옛날 왕과 귀족의 숨결을 여전히 묻고 있다. 그러나 강담운이 본 김해는 화려한 전설의 도시가 아니었다. 그녀는 땅을 일구는 사람들, 강가에서 물고기를 낚는 이들, 좁은 마을 길에서 서로의 안부를 묻는 이웃들의 목소리에 귀를 기울였다. 그의 시는 신화와 역사의 언어가 아니라, 땀과 눈물로 쓰인 애달픈 언어였다. 물론 그 삶 속에서 차산을 향한 깊은 그리움이 절반 이상을 차지하지만, 차산은 단순한 산이 아니라, 강담운의 삶과 문학의 상징이다.

---

6. 허왕후가 서역에서 올 때 배에 실어 파도를 눌렀다고 하는 돌이다. 빛깔은 붉고 반점이 있으며, 석질은 부드럽고 아로새긴 것이 매우 기이하다고 한다. 닭 벼슬의 피를 떨어뜨리면 굳지 않는다고 한다. 지금 허왕후릉 동편에 있다.

봄물 구름같이 호계에 넘치니
빨래하는 사람들 호계 양쪽으로 나뉘었네.
온종일 두견새가 울어대고
두 능은 한식에도 풀이 무성하네.

春水如雲漲虎溪 浣紗人隔水東西
춘수여운창호계 완사인격수동서
盡日子規啼不盡 二陵寒食草萋萋
진일자규제불진 이릉한식초서서

지금은 복개(覆蓋)했지만 옛날에는 분산에서 내려오는 하천 호계천이 있었다. 분산성에서 바라보는 호계천의 저녁노을도 금릉팔경[7] 중 하나였다. 마지막 구(句)에 나오는 두 능은 수로왕릉과 허왕후릉(수로왕비릉)이다. 4대 명절 중 하나인 한식날에도 풀이 무성한 능원(陵園)을 상상하니 그녀의 그리움의 무게만큼 쓸쓸해진다. 100년 전 사람들의 일상을 상상하며 김해의 유적지를 돌아보는 감회는 가슴 두근거리는 일이다.

가을바람 한 곡조에 애간장 끊어지고
서문에 비친 노을 그림자 비껴있네.

---

7. 조선 시대 김해 부사 김건수(재임 1851-1852)가 재임 중 김해의 아름다운 경치 8곳을 정해 이같이 불렀다. '금릉'은 김해를 중국의 금릉에 빗대어 부른 말로서, 김해를 아름답게 표현한 말이다.

고금에 다함없는 무한한 그리움

날아오는 꾀꼬리 보이지 않고 저녁 갈까마귀 소리만 들리네.

腸斷秋風一曲歌 白門殘照影斜斜

장단추풍일곡가 백문잔조영사사

古今無盡隋堤恨 不見飛鸎聽暮鴉

고금무진수제한 불견비경청모아

– 「수로왕릉의 가을 버들」 중 일부

〉 김해의 풍경과 강담운의 시선

분성산에 오르면, 김해가 한눈에 들어온다. 남쪽으로는 장유의 들녘이 펼쳐지고, 북쪽으로는 낙동강이 느리게 휘돌아간다. 강담운의 시를 읽으며 산정에 서 있노라면, 그의 시선이 어디쯤 머물렀을지 짐작해 본다. 그녀는 아마 산 너머로 번지는 저녁놀 속에서 삶을 보았을 것이고, 갈대밭 사이로 스며드는 바람 속에서 떠난 임의 숨결을 들었을 것이다.

영춘문 밖 늦봄이 돌아가니

떨어지고 남은 연지에 푸른 이끼만 끼었네.

발 내린 지관엔 사람 없어 적적하여

봄놀이로 다시 분성대에 오르네.

迎春門外殿春回 落粉殘臙剩綠苔

영춘문외전춘회 락분잔영잉록태

池舘下簾人寂寂 踏靑還上盆城臺

지관하렴인적적 답청환상분성대

천향사 안 등불 붉고

만장대[8] 앞 물은 허공을 치네.

장사가 바람맞으며 옥피리를 부니

한 소리 아득히 구름 속에 떨어지네.

寺裏佛燈紅 萬丈臺前水拍空

사리불등홍 만장대전수박공

壯士臨風吹玉笛 一聲遙落白雲中

장사임풍취옥적 일성요락백운중

---

8. 김해 분산성(盆山城) 남쪽에 있다. 1990년 김해문화원과 문화진흥회에서 '충의각
   (忠義閣)'이라는 비각을 세웠다. 만장대(萬丈豪)는 흥선대원군이 직접 휘호(揮毫)
   했다.

만장대에서 내려오는 길, 아직도 나무 찍는 소리가 계곡으로 울려 퍼지는 듯하다. 고단한 민초의 울림 같은 소리다.

영운동 마을은 모두 나무하는 집

탁탁 나무 베는 소리에 해 쉽게 기우네

십 리에 나가 땔감 팔고 달밤에 돌아오니

분산[9] 꼭대기엔 높은 노래 울리네.

靈云洞裏盡樵家 十里賣薪歸夜月

영운동리진초가 십리매신귀야월

伐木丁丁日易斜 盆山頂上放高歌

벌목정정일이사 분산정상방고가

 김해 동상동과 어방동의 경계로 부성(府城)의 진산(鎮山) 이다. 해발 330m로 사적 제66호인 분산성이 남아있다. 이곳엔 만장대(萬丈臺), 타고봉(打鼓峰), 해은사(海恩寺), 기우단(祈雨壇), 봉수대(烽燧臺)등이 있다.

은하사 경내 있는 서림사

낙동강을 따라 불어오는 바람은 강가의 갈대와 섞이고, 논둑에 앉은 아이들의 웃음소리가 뒤엉켜 먼 하늘까지 이어졌다. 나는 그 비람 속에서 강담운 시인을 떠올린다. 그가 쓴 언어는 화려하지 않았다. 그 평범한 삶의 무늬 속에서 그녀는 시를 길어 올렸다.

---

10. 신어산 남쪽에 있는 고찰(古刹)이다. 지금은 은하사(銀河寺)라고 한다. 가락국 때 허왕후의 오라비인 장유화상이 동림사(東林寺)와 함께 창건했다고 한다. 서림사는 서방불교의 번성을 기원하는 뜻이며, 동림사는 동방 가락국의 봉안(奉安)과 번성(繁盛)을 기원하기 위해 세워졌다고 전한다. 임진왜란 때 모두 불타버린 것을 그 뒤 중건하였다. 대의왕이란 모든 중생의 마음을 치료한다는 석가여래를 말한다.

가락길 자동차 전용도로 IC 옆 금천교

금천교[11] 물가 비가 막 개고
외죽 마을 빙 둘러 낙조가 이네.
사련의 맑은 강 삼십 리
가벼운 배는 칼처럼 달을 자르며 지나가네.

金川橋畔雨初晴 外竹村邊落照生
금천교반우초청 외죽촌변낙조생
謝練澄江三十里 輕舟如剪月中行
사련징강삼십리 경주여전월중행

_

여뀌꽃 핀 섬 가을빛이 그림 속에 들어오고
끊어진 노을 맑은 비단 그 경치 어떠한가.
초선대[12] 옆에 말 세우고
산 붉게 물든 신어산 을 바라보네.

---

11. 금천은 '쇠내'이다. 염수(鹽水)가 끼어 토질이 쇠 같기 때문에 붙여진 이름이다. 송산(松山) 북동쪽에 김해시와 경계가 되는 마을이다. 그러나 옛날 이 일대는 모두 갈대밭이었는데, 해방 후 차츰 농토로 개간되었다고 한다. 가락으로 가는 길 오른쪽의 첫 번째 마을이다. 지금은 자동차 전용도로 입구를 건너가는 다리가 금천교이다.

12. 김해시 안동공단 앞을 달리는 14번 국도변에 있다. '초현대'라고 하기도 한다.

蓼嶼秋光入畵圖 斷霞澄錦境何如

료서추광입화도 단하징금경하여

立馬招仙坮畔路 一山紅樹望神魚

립마초선대반로 일산홍수망신어

경남 문화재 78호인 초선대 암벽에 있는 마애불이다. 초선대는 가락국의 거등왕이 칠점산의
선인(仙人)을 초대하여 거문고와 바둑을 즐겼다는 전설이 있는 곳이다.

풍요로운 도시 김해이지만, 그 안에는 민초의 고단한 삶이 늘 겹겹이 쌓여 있다. 낙동강의 범람으로 삶의 터전을 잃어야 했던 농민들. 강담운은 이들의 목소리를 시 속에 담아냈다.

칠점대[13] 텅 비고 풀과 나무만 우거져

평야는 끝없고 물은 출렁출렁.

남쪽 바다 아득한 형제도를 바라보니

저물녘 기러기 두 세줄 비끼어 날아가네.

平田無際水茫茫 七點臺空草樹荒

평전무제수망망 칠점대공초수황

南望滄溟兄弟島 暮鴻斜度兩三行

남망창명형제도 모홍사도양삼행

그의 시 속에서 김해라는 땅은 강담운에게 단순한 배경이 아니라, 언어와 사유를 낳는 모태였다. 그의 시에서 흙냄새와 강물 소리가 끊임없이 들려오는 까닭이 바로 여기에 있다.

〉 오늘의 김해와 여류시인의 계승

오늘의 김해는 눈부시게 변했다. 장유에는 신도시가 들어섰고, 산업단지가 끝없이 확장되었다. 김해국제공항을 오가는 항공기의 굉음은 도시의 리듬이 되었고, 골목마다 새로운 카페와 아파트가 들어섰다. 그러나 이런 변

---

13. 현재 부산광역시 강서구 대저2동에 속해있다.

화 속에서도 강담운의 시는 여전히 유효하다.

나는 가끔 조만강 둑길을 걷는다. 갈대밭이 바람에 흔들리는 소리를 들으면, 시인의 목소리가 함께 흔들리는 듯하다. 도시는 변했지만 바람과 흙, 그리고 강물은 여전히 그 자리에 있다. 그 풍경을 바라보는 순간, 나는 강담운의 시를 통해 오늘의 김해와 과거의 김해가 겹치는 경험을 한다.

그의 시는 이제 한 세대를 넘어섰지만, 여전히 우리에게 말을 건넨다. 화려한 건물과 도로 속에서도, 우리는 여전히 흙과 바람이 필요하다. 강담운의 시가 오래도록 살아 있는 까닭은, 그것이 인간의 본질을 놓치지 않았기 때문이다.

김해라는 그릇, 시라는 시간

나는 김해를 걸을 때마다 강담운의 시를 다시 읽는 기분이 든다. 수로왕릉의 돌담길을 거닐 때도, 분성산 숲길을 오를 때도, 대성동 고분군의 고요한 언덕에 서 있을 때도, 그의 언어는 내 안에서 되살아난다. 시의 절반이 떠난 연인을 그린다.

봉황산 위의 달
봉황대를 비추네.

봉황대 텅 비어 사람 보이지 않고
쓸쓸히 홀로 배회하네.

鳳凰山上月 臺空人不見
봉황산상월 대공인불견
流照鳳凰臺 怊悵獨徘徊
류조봉황대 초창독배회

– 봉황대(鳳凰臺)

그의 시는 김해라는 지역을 단순한 지명이 아니라, 살아 있는 시간의 그
릇으로 바꾸어 놓았다. 흙을 일구던 사람들, 강가에서 땀 흘리던 이들, 그
리고 지금도 이곳에서 살아가는 우리가 모두 그 그릇 안에 담겨 있다. 시는
결국 시간과 공간을 넘어서는 언어의 집이다.

＞ 그녀는 연인 차산과 어떤 사랑을 나누었을까?

강담운의 시를 읽는다는 것은, 김해의 바람을 다시 맞는 일이다. 그 바람 속
에 오래된 그리움의 목소리를 듣는다. 오직 한 남자만 가슴에 품었던 쓸쓸하
고도 아름다운 목소리를 듣는다. 차산을 생각하며 돌아오지 않는 연인을 기
다리는 청춘은 얼마나 고독하고 외로웠을까? 그들의 사랑을 감싸는 시의 언
어가, 오늘도 나를 다시 이곳으로 불러낸다.

불암의 가을물 어량에 떨어지고
술 익는 집집마다 게장을 쪼개네.
상인들 달 밝자 나란히 노에 기대니
물소리 동으로 산산창[14] 으로 달리네.

佛菴秋水落漁梁 酒熟家家劈蟹黃
불암추수락어량 주숙가가벽해황
估客月明齊倚棹 潮聲東走蒜山倉
고객월명제의도 조성동주산산창

명지 회타운에서 다시 한번 지재당 강담운, 그녀의 시를, 그녀의 사랑을 읊어본다.

애잔하면서도 슬프고 쓸쓸한 깊은 언어를….

---

14. 산산창(蒜山倉)은 소금 창고다. 영조 21년에 산산창을 설치하여 명지도에서 만든
소금을 춘추로 바꾸어 들였는데 소금 2섬에 쌀 1섬과 바꾸어 주었다고 한다.

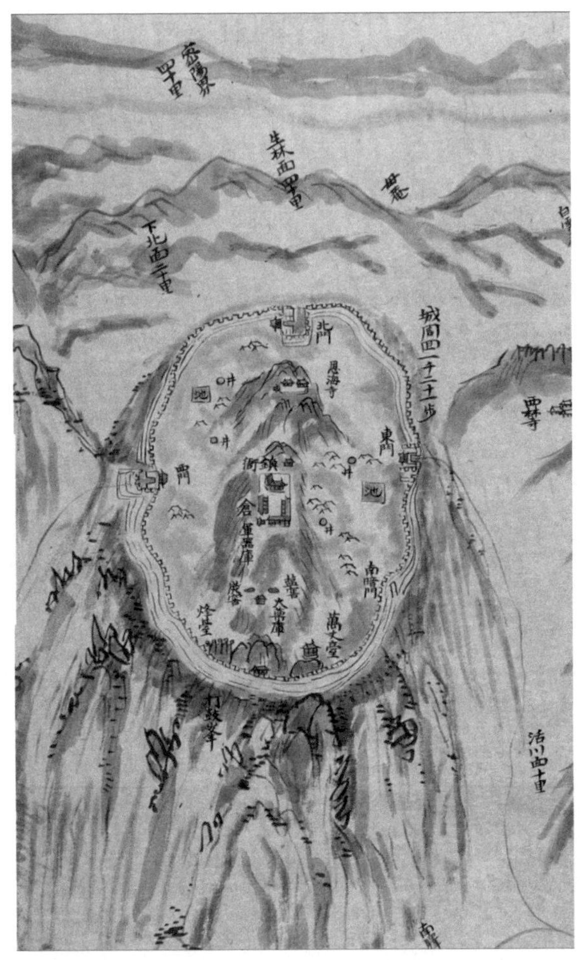

조선 시대 김해 읍성 사진 (사진 출처: 김해문화원장 김우락)

8

1898-1928

김록주

: 일제 강점기 대표적인 여성 명창

김금수

﹥ 노래와 말, 몸짓이 어우러진 종합예술, 판소리

판소리는 한 명의 소리꾼이 북을 치는 고수와 함께 무대에 올라 노래, 말, 몸짓을 섞어 이야기를 들려주는 전통 공연예술이다. 한국판 1인 뮤지컬인 셈이다. 원래는 민중들 사이에서 노래와 이야기로 놀던 광대들의 입담과 민요에서 출발했다. 조선 후기에 들어와 길바닥, 장터에서 서민들이 공연하면서 서민 문화의 꽃으로 피어났다. 그러다 점점 소문이 나면서 양반들도 관심을 가졌고, 양반들의 사랑방과 관청에서 "흥부가 한 대목을 불러주시오", "춘향가 한 대목을 들려주시오"라는 요청이 많아졌고, 점점 체계가 잡히면서 열두 마당(12가지 이야기)으로 불렸으나 현재는 다섯 마당(춘향, 흥부, 심청, 수궁, 적벽)이 남아있다. 한 편을 다 부르면 8시간이 넘게 걸리는 마당도 있다. 관객들은 웃고 울며 졸다가 깨다가 했고, 소리꾼은 노래를 부르며 손발로 몸짓을 더 했다. 당시 판소리는 오락을 넘어 공동체의 기억이 되었다.

그러다 20세기에 서양음악, 신파극, 영화가 들어오면서 판소리의 자리는 좁아졌으나 소리꾼들은 포기하지 않았다. 한 명이 모든 역할을 하던 방식을 바꾸어 여러 명이 배역을 나누어 연기하는 창극을 만들었다. 춘향과 몽룡이의 대사와 노래를 주거니 받거니 하는 방식이었다. 판소리는 시대에 맞춘 변신으로 여전히 살아남았으며 일제 강점기에는 단순한 공연이라기보다 민족의 목소리로 그 역할을 해냈다. 그 유산은 오늘날에도 이어져 2003년에는 유네스코 세계무형유산으로 지정되었고, 젊은 소리꾼들은 판소리를 힙합과 섞고 재즈와 연결하는 등 새로운 형식으로 변주하여 그 명맥을 이어오고 있다. 판소리는 단순한 노래가 아니라 노래와 말, 몸짓이 어우러진 종합예술이며, 조선 시대에 태어나 일제 강점기를 지나 오늘날 세계무대에 서는 한국의 전통 오페라로 성장했다.

강소춘　　　　　김추월　　　　　김해 김록주　　　　　김초향

기록에 따르면 김록주는 165cm의 훤칠한 키에 뼈대가 남자같이 굵고 목소리는 크고 우렁차 남자의 성음과 같았으며, 성질 또한 억센 편이었다고 한다. 누구에게도 지기 싫어하는 성격의 소유자로 재주가 비상하고 성음이 아름다웠으며 성량이 풍부했다고 한다. (사진 출처: 김석배, 「경상도 지역 판소리 문화」)

﹀ 1920년대를 수놓은 여류 명창 김록주

　김록주는 일제 강점기 중 특히 1920년대를 대표할 만한 여류 명창이다. 1898년 김해의 전통 예인 집안에서 태어났다. 본명은 김임전이며 록주는 예명이다. 아버지 김수룡은 김해의 소리꾼이었다. 10살 때 김정문 명창 문하에서 소리 공부를 시작했는데, 소리에 대한 천부적인 재능이 있어서 스승이 한두 번만 가르쳐 주면 그대로 따라부를 수 있을 정도였으며 실력이 일취월장하여 일찍부터 김해 일원에서 소녀 명창으로 이름이 났다. 김록주의 소리 세계에 결정적인 영향을 끼친 인물은 송만갑 명창이다. 송만갑은

1910년대부터 30년대의 판소리계를 이끌던 당대 제일의 동편제 명장이다. 짧은 김록주의 소리 인생에서 대명창 송만갑을 만난 것은 천재일우의 기회였고 그의 소리에 날개를 달았다. 1916년 김록주가 18살 무렵부터 송만갑 협률사[1]에 입단해서 공연 활동을 하였다. 1922년부터는 동료 명창들(이화중선, 이중선, 김홍주 등)과 함께 단체를 조직하여 지방 공연을 순회했다. 조선명창대회, 일류명창대회 등의 대회에도 참여하여 명성을 쌓았다. 1920년대에 들어서면 명창들의 소리를 녹음하기 시작했는데, 김록주도 소리를 레코드에 남겼다. 총 13장의 음반을 취입했으나 현재 남아있는 것은 「소상팔경」과 춘향가에 나오는 「사랑가」, 심청가의 「중타령」이 있다.

김록주에 대한 기록은 여럿 있다. 1918년 각지의 권번 기생을 소개한 『조선미인보감』에는 "김해 김록주는 인물이 수수하여 다시 볼수록 귀인성스럽고, 남중잡가의 시김새 목과 오장에서 끌어 나오는 단가 목은 과연 희귀한 명창의 명기로다"라고 평했다. 『조선창극사』에서는 당대의 소리꾼인 이화중선과 김초향마저 김록주의 소리에 흠탄했다고 썼다. 김록주가 도달한 예술 세계의 경지를 보여주는 말이다.

---

1. 예인들이 모인 단체로 공연을 기획하고 실행하는 단체, 현재로 치면 'JYP 엔터테인먼트' 같은 공연 기획사.

1902년 서울 정동에 세워진 한국 최초의 국립극장인 협률사. 근대식으로 지어진 최초의 상설 실내극장이었다. 당시에 나라에서 가장 뛰어난 예인이 모였는데 그 수가 170명에 이르렀다. 그들은 협률사 전속으로 대우받았고 나라에서 돈도 받았다. 주로 판소리와 민속무용을 공연했고 명창들이 창극 공연도 했다. 1914년 화재로 소실되었다. 이후 예인들은 조선성악연구회라는 단체를 조직하여 전국적으로 순회공연을 했다. 이 역사와 전통을 이은 단체가 현재 국립창극단이다. (사진 출처: 우리역사넷)

〉 김록주의 소리는 단순한 노래가 아닌, 민중의 울음

판소리는 이야기를 전달하는 예술이다. 노래만 잘 부른다고 명창이 되는 것은 아니다. 소리에 힘이 있어야 하고 깊은 여운이 있어야 한다. 소리를 살리는 몸짓과 손동작도 좋아야 하고 인물의 감정과 상황을 표현하는 연기력까지 어우러져야 명창의 칭호를 받는다. 이야기 속 인물들의 내면을 깊이 있게 묘사하여 표현하는 예술이기에 그렇다. 김록주는 목소리에 힘이 있고 풍부한 성량을 지녔다. 판소리에서 이야기의 전개뿐만 아니라, 인간의 감정과 심리적 갈등을 자신의 개성으로 잘 표현했다. 예를 들어 「사랑가」는 사랑의 그리움이나 이별의 아픔 같은 정서를 표현할 때 목소리가 어느 순간 부드럽게 떨리거나 끓어오르다가도 금방 누그러지는 등의 감정 기복을 표현해야 한다. 김록주는 이런 변화가 아주 자연스러우며, 과잉되지 않으면서도 마음속의 파문을 남기는 힘이 있다는 평이 많다. 그래서 비교적 이른 나이인 20대 때 여성 명창을 넘어서 박록주, 송만갑, 김창환 등과 함께 1920년대를 대표하는 판소리 명창으로 이름을 날렸다. 춘향가 중 「사랑가」는 그의 입술에서 애틋한 연정으로 피어났고, 심청가의 「중타령」은 심청의 눈물을 따라 청중을 무너뜨렸다. 김록수의 소리는 단순한 노래가 아니었다. 삶을 증언하고 사람들의 고단한 마음을 대신 토해내는 울음이었다.

하지만 그의 천재적인 재능을 시기했던 하늘은 시련도 함께 주었다. 야속한 운명으로 병마가 찾아와 소리 세계의 현역에서 물러나 대구의 달성권번에 소리 선생으로 있다가 1928년 1월 세상을 떠났다. 그가 더 오래 소리를 했다면 우리의 소리판은 또 다른 역사를 썼을 것이다.

김록주는 어린 나이에 판소리를 배우기 시작해 열 살 때부터 명창들의 문하에서 수학, 열여덟의 나이부터 공식 공연을 시작하여 이른 시기에 명성을 쌓았다. 단순히 무대에서 공연하는 것을 넘어 함께 소리를 하는 예인들과 단체를 조직하여 순회공연을 할 정도로 기획력이 있었고 무대 감각도 훌륭했다. 다만 그의 녹음본이 많이 남아있지 않아 그의 소리를 완전히 평가하기에는 자료가 부족한 점, 짧은 생애로 말미암아 그의 유파나 제자 계보가 명확하게 전승되지 않은 점, 그래서 후대 판소리계에 남긴 영향이 일부 지역적이고 한정적인 점 등은 아쉬움으로 남는다.

1910년대 대구 기생학교. 어린 기생을 대상으로 일본어, 조선어, 서화, 음악과 춤을 가르쳤다. 이후 권번으로 확대된다. 권번은 일제 강점기 기생들의 활동을 중개하고 관리했던 상업조직을 일컫는다. 당시엔 많은 명창이 권번 소속으로 활동했고, 이름있는 명창들은 권번 소속의 기생들에게 소리를 가르쳤다. (사진 출처: 김석배, 「경상도 지역 판소리 문화」)

〉 소리란 살아 있는 사람들의 삶이 바탕이다

김록주는 오늘날 판소리의 역사 속에서 자주 조명되는 이름은 아니지만, 그의 존재는 중요한 매듭과 같다. 그녀는 판소리의 황금기와 쇠퇴기 사이를 가로지르며 살았고, 소리를 통해 시대의 숨결을 남긴 인물이다. 김록주의 영향력은 화려한 기록으로 남아 있지 않지만, 오히려 그 '부재'가 우리에게 말을 건다. 판소리는 늘 명창들만으로 전해진 것은 아니다. 수많은 무명에 가까운 소리꾼들, 혹은 지역을 지킨 소리꾼들의 전승으로 숨결을 이어왔다. 김록주는 그 가교 중의 한 사람이다. 그의 소리는 단지 개인의 예술이 아니라, 한 지역 공동체의 삶과 정서를 담았다. 김해의 강과 바람과 들판, 그리고 장터의 흥겨움이 그의 목소리를 통해 울려졌다. 후대의 청중들이 직접 김록주의 소리를 듣지는 못했지만, 지역의 정체성과 전통을 잇는 '소리의 결'은 오늘날까지 이어져 판소리 무대의 바탕을 이룬다. 김록주가 후대에 남긴 가장 큰 유산은 "소리란 살아있는 사람들의 삶을 바탕으로 한다"라는 진실이다. 판소리는 단순한 고전 예술이 아니라, 살아 숨 쉬는 삶의 기록이다. 김록주의 삶과 노래가 그 증거다.

1915-2011

박외선

: 시를 사랑하고 몸으로 시를 표현한
진정한 예인

금지은

김해 진영의 어느 골목을 걸을 때마다, 어디선가 발끝으로 흐르는 음악 소리가 들려오는 것 같다. 조용하고 단단한 그 발소리는 무대를 밟는 한 여성의 생애와 연결된다. 그녀는 '춤'이라는 언어로 평생을 살았고, 몸 하나로 시대를 가르쳤으며, 고요한 몸짓으로 조국의 예술사에 깊은 흔적을 남겼다.

그 이름, 박외선.

1915년 겨울, 진영의 작은 마을에서 태어난 그녀는 진영공립보통학교(현 진영대창초등학교)를 다녔다. 무용에 대한 열정은 마산여고 3학년 때 신문에 실린 알렉산드르 사하로프의 '뜰의 소녀' 사진을 보고 타오르기 시작했다. '뜰의 소녀'의 청아한 이미지가 그녀의 무용 세계를 만들어가는 중요한 밑거름이 되었다. 이후 조선의 최고 무용수였던 최승희 무용 공연을 보고 무용가의 길을 선택하는 결심을 하면서, 누가 시킨 것이 아니라, "춤이 나를 부른다"며 소녀는 가슴속에서 피어난 불꽃 따라 먼 길을 떠났다.

⟩ 예술을 찾아 떠나는 불꽃같은 예인

열여섯, 박외선은 무용가 최승희의 추천으로 다카다 세이코를 찾아 바다를 건너 일본 도쿄로 향했다. 타국에서 춤을 배운다는 것은 고된 일이었지만, 그녀의 무용에 대한 열망과 집념은 그 모든 어려움을 뛰어넘게 했다.

다카다 세이코 무용연구소에서 발레와 현대무용을 체계적으로 익힌 그녀는 입소 4개월 만에 무대에 오르며 두각을 나타냈고, 이내 일본 무용 평론가들의 극찬이 이어졌다. 1935년 도쿄에서 제1회 창작무용 발표회를 가진 이래 10년간의 일본 생활을 통해 다양한 무용 형태를 도입하며 활발한 무용의 꽃을 피워냈다.

무대 위의 박외선은 단지 동작만을 보여주는 무용수가 아니라 온몸으로 시를 쓰는 예술이었다. 이후 그녀에게 붙은 수많은 '최초'라는 수식어는 단순한 영예가 아니라, 한국 춤의 정체성을 확립하는 든든한 밑거름이 되었다.

1930년대 후반, 그녀는 도쿄 무대에 섰고, 이어 중국, 만주, 대만을 순회하며 공연했다. 그녀의 몸짓에는 고국에 대한 그리움과 인간 존재에 관한 깊은 탐구가 깃들어 있었다. 감정을 흉내 내는 것을 넘어, 삶 자체를 새기는 춤. 마치 시인이 시를 써 내려가듯, 그녀는 몸으로 세계를 기록했다.

시인 이육사(1904-1944)는 『창공』 편집인의 부탁으로 무용가 박외선을 인터뷰했다. 그 기록은 『이육사의 시와 산문』에 「무희의 봄을 찾아서」라는 글로 남아있다.

이육사는 그녀의 춤을 "공간 위에 그려지는 깨끗한 환상의 시"[1]라 평했다. 이에 박외선은 "무용과 일반 예술에서 제일 관계가 깊은 것은 '시'"라고 말했다. 그녀의 춤은 곧 시이자 철학이었다.

박외선은 일본에서 무용 발표를 준비하던 중, 무용가 조택원(1907-1976 남자 무용가)의 동행으로 일본에서 월간지 사장 겸 문예지 편집장이었던 아동문학가 마해송(1905-1966)을 처음 만난다. 문학과 무용이 맺은 인연은 결혼으로 이어졌다. 마해송은 국내 최초로 창작동화의 길을 연 문학가였고, 박외선은 몸으로 시를 표현한 국내 최초의 현대무용 창조자이자 무용가였다. 두 사람의 결합은 예술과 삶의 상징적인 결합으로 기억되었다.

결혼 후 그녀는 2남 1녀를 두고 가정을 꾸렸다. 해방 이후 귀국한 뒤 전쟁을 피해 마산으로 피란했으며, 가족을 위해 직접 장터에 나가 물건을 팔기

---

1. 또한 "그녀의 춤은 밝고 명랑한 정열의 발로하는 것이었다"라고도 평했다.

도 했다. 무대와는 전혀 다른 삶이었다. 심지어 아이들에게 저녁을 차려주고 자신은 꿀꿀이죽으로 끼니를 때우던 날도 있었다. 그러나 그녀는 끝내 자존을 잃지 않았다.

장남 마종기는 연세대 의대 시절인 1965년, 한일회담 반대 서명운동에 참여했다가 투옥되었다. 이후 미국으로 건너갔으나, 도미 4개월 만에 부친 마해송이 별세했다. 그러나 비행기 삯이 없어 귀국하지 못했고, 부친의 산소를 5년 만에 찾을 수 있었다.

그는 미국 체류 중에도 모국어를 잃지 않았고, '동경과 아픔'을 시로 형상화했다는 평가를 받았다. 한국과 미국을 오가며 작품 활동을 이어가 문단의 거장이 되었고, 의사로서도 크게 성공했다. 은퇴 후에는 연세대 의대 초빙교수로 재직하며 본과 2학년 학생들에게 5년간 문학과 의학을 강의했다. 고국을 떠난 그리움과 이국의 고독을 그는 시어로 다듬어 다수의 시집과 산문집을 남겼다.

〉 최승희 문하생이었던 그녀, 춤의 어머니 길로 접어든 예인

1953년, 박외선은 이화여자대학교 체육과에 강사로 부임하며 예술가의 삶을 교육자의 길로 확장했다. 무용과 창작 발레를 가르쳤고, 1963년에는 국내 최초의 대학 내 무용과를 설립하는 데 크게 기여했다. 24년간 수백 명의 제자를 길러낸 그녀는 제자들에게 '춤의 어머니'라 불렸다.

즉흥성, 창의성, 발상의 순발력. 그녀의 안무는 이론이 아니라 생생한 감각의 분출이었다. 그녀는 시대를 앞서간 천재였으며, 따뜻하고 엄격한 스승이었다.

무용수로서, 안무가로서, 교육자로서의 삶 외에도, 그녀는 학문으로의 무용 정착을 위해 수많은 저서를 남겼다.

『무용개론』, 『현대무용창작론』, 『중등 새무용』 등은 무용이 단순한 퍼포먼스가 아니라 철학과 언어, 사유의 집합체임을 보여주는 증거였다. 그녀에게 무용은 살아있는 시, 몸으로 쓰는 철학이었다.

애제자였던 정귀인 교수(부산대학교 교수)의 회고에 따르면, 그녀는 어머니처럼 따뜻했고, 언니처럼 다정했으며, 스승으로서는 누구보다 엄격하고 단호했다. 후배를 배려해 퇴임 3년 전 미리 자리를 내려놓았고, 구제품 시장을 즐겨 다닐 만큼 검소했던 그녀는 퇴직금 전액을 무용과 장학금으로 기부하기도 했다.

그녀는 지금도 이화여대 무용가들이 가장 존경하는 스승이며, 한국 현대무용의 살아 있는 뿌리로 기억되고 있다.

2003년, 박외선은 보관문화훈장을 수훈했다. 그러나 그녀가 진심으로 원했던 것은 자신의 예술이 제자들의 발끝에서 다시 피어나는 일이었다.

2011년, 미국에서 향년 96세로 조용히 생을 마감한 그녀는 마지막까지 단정했고 담백했다. 무대처럼 조용한 퇴장이었지만, 그녀의 발자국은 지금도 한국 무용계 곳곳에 깊이 새겨져 있다.

1930년대 중반 일본 다카다 세이코 무용연구소에
서 춤을 배우던 시절의 박외선(오른쪽) (박외선 탄생
100주년 기념사업회 제공)

육완순, 홍정희, 김매자 등 1회 졸업생부터 남정호 교수, 정귀인 교수 등 수많은 제자를 키웠고 그분들의 '이화사랑' 무용과 교수들은 매해 잊지 않고 산소로 가서 인사를 드리고 있다고 한다. 한국예술종합학교의 성기숙 교수는 그녀의 연구소인 연낙제에서 그녀에 관한 학문적인 연구 발표를 이어오고 있다고 한다. 고(故) 박외선 선생님의 10주기를 추모하여 이화여대에서 선생님의 작품을 재생하는 무용 발표회를 교수의 제자들이 공연하기도 하였다.

가끔 그녀의 고향 진영을 떠올린다. 새벽안개가 드리운 고요한 마을에서, 춤이라는 말 없는 언어로 세상을 써 내려간 한 여인의 첫 발걸음이 시작된 곳이다.

그녀는 말을 아꼈고, 시를 사랑했고, 온몸으로 시를 썼으며, 참된 사랑으로 제자들을 가르쳤으며, 자신이 무용가보다는 '새싹을 잘 키우는 거름'으로서의 교육자로 불리는 것을 좋아하였다. 당시 모든 발표회에 자신의 이름보다는 제자들의 이름을 앞세웠고, 1977년 퇴직할 때 받은 퇴직금도 장학금으로 기증할 만큼 후배 양성에 진심이었다.

박외선.

그녀의 춤선은 한 송이 백합이었으며,

그녀는 진정한 참 예인이었다.

마해송, 박외선 서울 생가 (사진 출처: 네이버) ▼

◀ 연낙재: 국내 첫 우리 무용 자료관 60만 점이 보존되고 있으며, 춤 자료 발굴과 수집 및 꾸준한 연구를 위해 설립된 근현대 무용 자료관이다.

32-189

허황옥

: 가야와 세계를 연결한 화합과 개척의 상징

변정원

⟩ 출생과 아유타국의 공주

기원후 32년, 고대 인도의 작은 나라 아유타국에서 공주가 태어났다. 아유타국은 고대 인도의 작은 국가였으며, 허황옥은 그곳에서 16세의 나이까지 궁중 생활을 하며 성장했다. 그녀는 성이 허(許)이고, 이름은 황옥(黃玉)이다. 그녀의 이야기는 『삼국유사』의 「가락국기」에 기록되어 있다.[1] 가락국기를 요약하여 기록한 일연의 『삼국유사』에 따르면 허황옥은 왕실의 공주로서 교육받으며 자랐고, 당시 왕과 왕후는 신령한 예언을 들었다고 한다. 이 예언에 따르면, "가락국의 왕 수로라는 자는 하늘이 내려보내서 왕위에 오르게 하였으니 곧 신령스럽고 성스러운 사람이다. 또 나라를 새로 다스림에 있어 아직 배필을 정하지 못했으니 경들은 공주를 보내서 그 배필을 삼게 하라." 이 예언을 의지하여 허황옥은 배를 타고 먼 여정을 떠나게 되었다.

⟩ 수로왕과의 만남

허황옥은 아유타국에서 가락국으로 향하는 긴 여정을 시작했다. 그녀는

---

1. 『삼국유사』의 「금관성 파사석탑조」 편목에는 '서역 아유타국'이라고 기록되어 있다. 이는 아유타국이 서역이라는 뜻이지 인도인지 아닌지는 알 수 없다.

 김해여성인물사

배를 타고 인도에서 출발하여, 여러 차례의 폭풍과 어려운 항해 끝에 결국 진해 용원의 망산도에 이르게 된다. 수로왕이 보낸 유천간이 허황옥을 맞이하고 수로왕께 모시고자 하였으나 허황옥은 "내가 너희를 모르는데 어찌 경솔하게 따라가겠느냐"라며 예를 갖추어 혼례행렬을 맞아 달라는 말에 구간들은 놀라워하였으나 이 말을 전해 들은 김수로왕은 자신이 예의가 없었음을 알고 친히 마중을 나가 공주를 맞이했다고 한다.

허황옥(좌)과 김수로왕(우) (사진 출처: 김해 관광 공식 블로그)

허황옥은 그 여정 중에 파사석탑(경남문화재자료 제227호)을 가지고 왔는데, 이 석탑은 현재 수로왕비릉(허왕후릉)에 보존되어 있으며, 20인의 수행원과 각종 비단, 의복, 금은 능라의상 주옥과 필단, 그릇, 구슬 등 진귀한 물건들과 함께 당도했다.[2] 그녀는 수로왕을 만나기 전, 여러 신비한 사건을 경험했으며, 그 길에서 자신의 운명과 만날 것을 예감했다고 전해진다. 그녀의 아름다움은 달과 같았고, 그녀와 수로왕의 만

---

2. 왕릉묘역과 왕궁터에서 출토된 유물, 낭낭칠기 등은 서북한 계통의 것이다. 그러한 까닭에 허황옥의 출발지가 서북한 지역이 아닐까 하는 것이 학자들의 견해이다. 수로왕비릉은 발굴하지 않은 상태다.

남은 많은 전설과 신화를 낳았다.

˃ 허황옥에서 허왕후[3]로: 김수로왕과의 신행길

허황옥은 수로왕과 결혼한 후, 김해로 향하게 된다. 그들이 이동하는 동안, 허황옥과 수로왕은 '흥국사'에 머물며 첫날밤을 보내는데, 이때 수로왕은 허황옥의 아름다움을 달에 비유하며, 산 이름을 '명월산'으로 짓고, 그곳에 명월사를 세우기도 했다. 이 명월사는 오늘날의 흥국사로 알려져 있다. 그 후, 두 사람은 김해로 돌아와 가락국을 다스리며, 나라의 번영과 태평성대에 기여한다. 명월사는 임진왜란 때 불타 버렸고 1618년(광해군 10)에 중건되었다고 한다. 현재의 흥국사는 1942년에 중건한 것이다.

˃ 정치적 업적과 가락국의 번영

허황옥과 수로왕은 가락국을 다스리며, 정치적, 문화적으로 큰 성과를 이루었다. 이들은 나라를 다스리면서 백성을 자식처럼 사랑하고, 국정의 운용에 있어 위엄과 평화를 동시에 유지했다. 『삼국유사』의 기록에 따르면, 이들

---

3. '허황후'는 틀린 표기이다.

의 통치는 엄하지 않았지만, 나라가 저절로 잘 다스려졌다고 전해지고 있다.

허왕후는 여성의 나약함을 알고 여성 무사단을 기르고 여성 장수를 만들며 새로운 시대를 열기도 했다. 역사와 풍토가 서로 다른 나라가 만났으니 사는 방식도 달랐지만, 대륙과 대륙이 손을 잡고 다름을 차별하지 않으면서 가락국의 번영을 이끌어 국가 문화의 발전을 위해 힘썼다.

〉 부부별산제

허황옥의 혼인 과정에서 주목할 만한 특징 중 하나는, 그녀가 아유타국에서 가야로 이주하면서 지참한 상당한 양의 보물이 개인적 재산으로 인정되었다는 점이다. 『삼국유사』「가락국기」 및 전승 자료에 따르면, 허황옥은 금, 옥, 비단, 주옥, 귀금속, 각종 의복과 도자기류 등 다양하고 값진 물품들을 가지고 가락국에 도래하였다. 이는 단순한 혼례 지참금 이상의 의미를 가지며, 그녀의 신분적, 경제적 독립성이 결혼 이후에도 일정 수준 이상으로 보장되었음을 시사한다.

김수로왕과의 혼인 이후에도, 허황옥의 재산은 공동의 소유로 전환되지 않고 개별적 소유권이 유지되었다는 점에서 당시 가야 사회가 '부부별산제(夫婦別産制)'를 일정 부분 수용하고 있었음을 알 수 있다.

허왕후는 외국 출신의 왕비라는 특수한 배경을 가졌음에도 불구하고, 그녀의 출신국에서 가져온 재산과 권리는 결혼 이후에도 침해되지 않고 온전히 유지되었다. 이는 가야 사회가 단순한 남성 중심의 혈연·재산 구조가 아닌, 보다 유연하고 다문화적 성격을 내포하고 있었음을 보여준다.

더불어, 이러한 경제적 독립성은 단순히 재산의 소유권 차원을 넘어, 정치적·사회적 권력 분배의 관점에서도 중요한 시사점을 제공한다. 허왕후는 단순히 왕의 배필로서 존재한 것이 아니라, 자체적인 경제력과 사회적 지위를 바탕으로 독자적인 영향력을 행사할 수 있는 위치에 있었으며, 이는 가야의 문화와 통치 구조 전반에 영향을 미쳤을 가능성이 있다.

특히 그녀가 지닌 외래적 문화 배경, 그리고 그 배경이 혼인 이후에도 존중되었다는 점에서, 가야 사회는 상대적으로 개방적이고 포용적인 사회 구조를 갖추고 있었던 것으로 해석할 수 있다. 이러한 측면은 허왕후의 혼인과 삶이 단순한 전설적 이야기 이상으로, 고대 사회의 여성과 가족 제도에 대한 실질적 정보를 담고 있다는 점에서 의미가 크다.

ゝ 양계제

김수로와 허왕후의 열두 자녀 (사진 출처: 빛의 세계로의 여행 블로그)

허왕후는 그녀의 출신(아유타국)과 독자적 정체성을 존중받았다. 서로의 사회적 배경과 권리를 인정하여 독립성을 유지했다.

이는 부계 중심으로만 움직이는 사회와는 다르게 허왕후 쪽 혈통과 배경도 중요하게 여겨졌다. 김수로왕과 허왕후의 관계는 양계제 사회의 특징을 잘 보여준다. 결혼 후에도 허왕후의 출신과 독자적 권리인 모계 계통이 존중되었다. 허왕후는 "내가 아들 10명을 낳았는데 전부 김가가 되느냐, 두 아들은 허씨로 해 달라"는 요청으로 두 아들은 모성을 따라 허씨가 되었다. 이로써 김수로의 부계와 허왕후의 모계 모두를 계승하였다. 그래서 지금도 김씨와 허씨는 같은 가락국의 왕손으로 혼인하지 않는 전통이 있다.

〉 서거와 유산

허황옥은 서기 189년, 157세의 나이로 세상을 떠났다.

(그림 출처: 웹툰작가 이채혁. 「김수로와 허왕후」 공연 배경)

허황옥은 서기 189년에 세상을 떠났다. 그녀의 나이는 157세였다고 전해지며, 그 당시 사람들은 그녀의 죽음을 애도하며 깊은 슬픔에 잠겼다고 한다. 그녀의 묘는 구지봉의 동북쪽 언덕에 자리한 수로왕비릉에 안치되었다.

허황옥은 단순히 왕비가 아닌, 가야와 가락국의 번영을 위해 중요한 역할을 했던 인물로 기억되고 있으며, 그녀의 유산은 오늘날까지도 많은 이들에게 전해지고 있다. 허황옥의 일대기는 신화와 현실이 어우러진 전설적인 이야기로, 그녀가 가야 역사와 문화에 끼친 영향을 보여주는 중요한 사례이다. 그녀는 단순히 역사적 인물에 그치지 않고, 가야 지역 사람들의 삶에 깊은 흔적을 남긴 인물로, 오늘날까지도 많은 사람에게 존경받고 있다.

⟩ 김해 수로왕비릉 (사적 제74호)

수로왕비릉

김해 수로왕비릉은 시조 수로왕의 왕비인 허황옥의 무덤이다. 수로왕릉과는 다르게 평지가 아닌 언덕에 지어진 점이 특이하며, 능으로 들어가는 입구에는 정문인 구남문과 능 앞에 세우는 홍살문이 있다. 무덤으로 가는 길 오른편에는 제사를 준비하는 숭보재가 있으며 왕비릉 앞에는 능비(묘비)가 세워져 있으며, 이를 통해 능의 주인이 허황옥임을 명확히 하고 있다. 이 비석은 조선 후기에 세워졌을 가능성이 크며, 왕비에 대한 후대의 기억과 존경을 상징적으로 표현하고 있다. 비문은 왕비의 행적과

덕행, 그리고 그녀의 인도 출신이라는 독특한 배경까지 간결하게 언급하여, 단순한 묘비 이상의 역사 기록적 의미를 지닌다.

〉 파사석탑

수로왕비릉 안에는 파사석탑으로 알려진 석조 유물이 있다. 시조 김수로왕과 인도 아유타국 공주 허황옥의 혼인과 깊은 연관이 있는 유적이다. 전해지는 이야기에 따르면, 허황옥이 인도에서 배를 타고 먼 바다를 건너 가야로 올 때, 풍랑이 거세어 배가 뒤집힐 위기에 처했다. 그때 하늘의 계시를 받아 바닷속에 있던 신성한 바위를 들어 올려 배에 싣자, 파도가 잠잠해져 무사히 가야의 땅에 닿을 수 있었다고 『삼국유사』에 기록되어 있다.

사각형 지대석의 상면에 높은 기대가 있고, 그 위에 5개의 석재가 올려져 있다.

(사진 출처: 연합뉴스)

파사석탑은 옛 호계사 자리에 있던 것을 김해부사 정현석이 "본 탑은 허왕후께서 인도 아유타국에서 가져온 것이니 허왕후 곁에 두어야 한다"며 현재의 자리로 옮겼다.

허왕후는 단지 수로왕의 배우자로서 존재한 것이 아니라, 자체적인 권위와 영향력을 행사할 수 있었던 독립된 주체였다. 그녀는 여성의 나약함을 인지하되, 그 한계를 극복하기 위해 여성 무사단과 여성 장수를 기르고 새로운 여성 리더십의 가능성을 제시한 인물로서 전해진다. 이는 고대 사회에서 보기 드문 여성 주도형 문화 리더십의 실현으로, 허왕후가 단지 역사 속 상징적 인물에 머무르지 않고 실질적 변화의 주체로서 작용했음을 시사한다.

허왕후는 혼인 전부터 자기결정권을 확실히 드러낸 인물이기도 하다. 그녀는 수로왕의 사신단이 도착했을 때 즉시 따르지 않고, 의례적 정당성과 존중을 요구하였다. "내가 너희를 모르는데 어찌 경솔히 따르겠느냐"는 그녀의 말은, 단순한 예절 이상의 의미를 내포한다. 이는 타국의 왕에게도 예를 요구할 수 있는 당당한 여성 주체로서의 인식과 자존감을 보여주는 대목이며, 고대 여성상에 대한 고정관념을 넘어서는 상징적 사례로 볼 수 있다.

결론적으로, 허왕후의 혼인과 부부생활에서 나타나는 경제적 자율성, 문화적 독립성, 사회적 발언력은 단지 한 왕비의 삶을 넘어, 고대 한반도 사회에서 여성이 어떤 방식으로 권리와 정체성을 행사할 수 있었는지를 보여주는 상징적 사례라 할 수 있다. 허왕후의 사례는 단순한 신화적 서사에 머무르지 않으며, 고대 여성사 및 가족 제도 연구의 귀중한 실증 자료로서 가치를 지닌다. 그녀는 타국에서 온 이방인이자, 왕의 아내로서, 그리고 당당한 한 여성 리더로서 가야의 역사와 문화를 재구성하는 데 실질적인 기여를 한 인물로 평가되어야 할 것이다.

11

1560-1656

백파선

: 세계 최초 여성 세라믹 아티스트,
조선 도공의 리더

김금수

일본 사가현 아리타시에 있는 갤러리 백파선. 조선 출신의 여성 도공을 기리는 갤러리로 아리타에서 만든 도자기를 전시하며 백파선을 기리고 알리는 일에 힘쓰고 있다. (사진 출처: 여성신문)

일본 사가현에 아리타(有田)라는 마을이 있다. 후쿠오카에서 기차로 한 시간 반 정도 떨어진 시골 마을이지만, 관광객들이 꽤 찾아온다. 이곳은 아리타야키(有田燒)로 불리는, 400년 이상의 역사를 자랑하는 일본의 대표적인 도자기의 발상지이기 때문이다. 아리타의 도자기는 17세기 중엽부터 네덜란드 동인도회사를 통해 유럽과 동남아시아로 수출되어 널리 알려지면서 세계적으로도 유명해졌다. 아리타에는 길거리 곳곳에 도자기를 형상화한 조형물들과 도자기 공방들이 줄지어 있다. 도자기를 만드는 모습을 볼 수도 있고, 이곳에서 만든 도자기만 사용하는 음식점들도 꽤 있다. 특히 눈길을 끄는 것은 '갤러리 백파선'이라는 미술관이다. 미술관 옆쪽에는 조선인 복장을 한 여성의 좌상이 있다. '갤러리 백파선'의 주인공 백파선이다. 일본의 도자기 발상지에 어떻게 조선 여인의 이름을 딴 갤러리와 조형물이 있을까?

'백 살까지 단아하게 산 신선'이라는 뜻의 이름 백파선은 조선 출신 여성 도공으로, 임진왜란 때 남편과 함께 일본으로 끌려가 도자기 제조업에 종사하며 조선 도공을 대표했던 인물이다. 백파선이라는 이름은 본명이 아니다. 역사 속 수많은 여성의 이름이 없듯 백파선도 실제 이름은 전해지지 않는다. 다만 백파선이라 불리게 된 계기가 있다.

ˋ 백파선에 관한 역사적 기록

백파선에 대한 기록은 현재 두 가지 남아있다. 아리타 히코에바의 절 호온지에 있는 백파선 법탑에 있는 비문과 다케오 영주의 역사와 전공을 기술한 『후등가어전공기』에 백파선에 대한 설명이 나온다. 여기에는 백파선 부부가 일본으로 오게 된 경위가 잘 나와 있는데, 이 책에 따르면 도공이었던 백파선 부부는 당시 다케오 지역의 번주였던 고토 이에노부에 의해 일본으로 왔으며 다케오에 있는 광복사 절 앞에 살다가 우치다무라에 땅을 받아 도자기를 만들었다. 남편이 죽자, 백파선은 아리타로 이주해서 도자기를 만들었고, 조선인들이 점차 모여들어 아리타 도자기의 시조가 되었다. 그리고 백파선의 자손들이 백파선이 조선의 심해(深海) 출신이기 때문에 심해라는 한자어를 일본어로 발음하여 '후카우미'라는 성(姓)을 쓴다는 내용이 기록되어 있다. 지금도 아리타에서는 후카우미라는 성을 쓰는 많은 사람들이 도자기를 만들고 있다. 바로 백파선의 후예들이다. 대표적인 회사로는 후카우미 쇼덴, 후카우미 산류도 등이 있다.

백파선을 기리는 탑이 있는 절 호온지와 탑의 모습이다. (사진 출처: 후카우미 쇼덴 홈페이지)

호온지의 법탑인 '만료묘태도파지탑'은 백파선이 사망한 후 50년이 지난 1705년에 증손자가 세운 것이다. 여기에는 『후등가어전공기』보다 더 구체적인 내용이 실려 있다. 백파선 남편의 일본 이름과 백파선이 죽은 날짜, 그리고 아리타로 옮긴 계기[1] 등이 나와 있다. 무엇보다 백파선의 묘사가 눈에 띄는데, '소리 높여 웃고, 아름다운 모습이었으며, 특별하게 빼어난 눈썹, 또 어깨까지 닿을 만큼의 긴 귓볼에는 귀걸이를 한 구멍의 흔적이 있었다. 효심이 깊은 자손들은 그 덕을 기려 항상 백파선이라고 불렀다'라고 기록되어 있다. 또 남

---

1. 아리타의 구로카미산에 훌륭한 백토가 있기 때문이다.

편이 죽고 다케오의 우치다를 떠나 아리타의 히에코바로 옮겨 살며 도자기를 구웠는데, 많은 조선인들도 백파선을 의지해 왔다고 쓰여 있다. 참고로 백파선의 남편이 김태도라는 추측이 있는데, 이는 탑의 이름에 '만료묘태도파지탑'에서 유추된 것이다. 하지만 '만료묘태도파'는 백파선의 불교식 법명으로 잘못 유추된 것이며, 게다가 성씨가 '김'이라는 것은 어디에도 나와 있지 않다.

⟩ 아리타에서 조선 도공을 이끈 리더 백파선

그럼 백파선이 일본에 건너오기 전에 살았던 조선의 심해는 어디일까? 사실 결정적인 근거는 아직 없다. 다만, 백파선 부부를 일본으로 끌고 온 고토 이에노부가 김해의 죽도성에서 6년간 주둔했고, 김해가 국가 도요지였으며, 김해의 사투리 발음이 심해로 유추할 수 있다는 사실 등으로 백파선의 고향이 김해일 가능성이 가장 유력하다. 또한, 당시 김해의 국가 도요지가 현재 상동면 대감마을이었으므로 백파선 부부의 출신이 김해 대감마을이라는 주장도 힘을 싣고 있다. 현재는 대감마을에서 백파선을 기리는 여러 행사가 열리는 것도 이 때문이다.

백파선의 출신에 대해서는 확실한 근거가 없지만, 백파선이 당시 조선 도공들이 믿고 의지할만한 인물이었다는 것은 분명하다. 백파선의 내용이 남아있는 사료를 바탕으로 백파선을 연구하고 의미를 부여한 사학자 노무라는 이렇게 평했다.

"백파선은 가마의 리더로서 가마를 지키고, 도자기 생산의 모든 공정을 파악하고, 제품의 기획부터 납품에 이르기까지의 모든 책임을 졌다. 게다가 가족과 직인 집단, 직인 한 사람 한 사람의 생활을 살피고 배려하며 바쁜 나날을 보냈을 것이다. 살아남을 확률이 낮은 전쟁에서 피로인(被擄人)이 되었어도 살아남았다. 문화의 창조자가 된 백파선의 인생은 기적적이며 전쟁이 일본에 아리타야키를 가지고 와 준 것이 아니라, 전쟁에 의한 피로, 난민이라는 극한 상황에 있으면서 열심히 인간답게 산 그들이 아리타야키를 만든 것이다."

일본의 도자기 문화, 특히 아리타 도자기는 세계적으로 명성이 높다. 이러한 일본의 도자 문화를 꽃피우는 데에는 임진왜란 때 일본으로 끌려간 조선의 도공들이 힘이 컸다. 대표적인 인물이 아리타 도자기의 시조라 불리는 이삼평과 백파선이다. 백파선은 단순한 여성 도공이 아니라 당시 아리타에서 조선 도공 집단을 이끈 리더였고, 나아가 일본으로 잡혀 온 조선인들을 품었던 어머니였다. 이런 점에서 우리나라 여성사에서 의미가 있고 상징적인 인물이다.

백파선에 대한 연구나 백파선 알리기 활동 등은 아무래도 일본이 더 활발하다. 가장 큰 이유는 후카우미의 성을 사용하는 백파선의 후예들이 많이 살고 있고, 실제로 그들은 백파선의 대를 이어 여전히 도자기를 만들고 있기 때문이다. 다행히 근래에 들어 우리나라에서도 백파선에 관한 학술연구와 발굴 조사가 빈번하게 진행되고 있다. 특히 김해 상동면 '상동 분청자기 가마터'의 추가 발굴과 조사를 통해 백파선의 흔적을 확인할 가능성이 높다는 평가가 나왔다. 또한 2024년에는 고양시 에코락갤러리에서 '불의 여신 사기장 백파선 현대와 만나다'라는 전시가 열렸으며, 다양한 작가들이 백파선의 정신을 현대적으로 해석한 작품을 선보였다.

김해는 분청사기의 원류다. 분청사기는 가야 시대의 토기 기술을 계승하고 발전시켜 온, 가장 한국적인 아름다움을 지닌 도자기로 평가받고 있다. 소박하고 자유분방한 특징으로 조선 시대에 널리 사랑받던 도자기다. 이런 김해와 아리타는 백파선을 함께 공유한다. 백파선을 한국과 일본이 공동으로 조명하고 도자 문화를 주고받는다면 백파선도 흐뭇해할 것이 분명하다.

〉 한일 두 나라의 평화와 안녕을 기원하다

전쟁으로 인해 고향 땅을 버리고 낯선 이국땅으로 끌려온 백파선을 상상해 본다. 전쟁을 짊어지고 살아온 그 인생이 얼마나 고단했을까. 도자기를 빚으며 그는 무슨 생각을 했을까. 자신의 이름을 듣고 찾아온 조선 도공들을 품으며 무엇을 다짐했을까. 우선 고향과 가족에 대한 그리움이 컸을 것이고, 그 그리움을 자양분 삼아 조선 도자기의 명맥을 잇겠다는 책임감으로 동료 도공들을 돌보았을 것이다. 자신의 기술을 후세 도공들에게 전수하고, 조선 도자기의 영향을 일본에 남기려고 노력했을 것이다. 또한, 문화적 흔적을 남기려는 의지가 강했을 것이다. 그리고 그가 가장 염원한 것은 고향인 조선과 지금 살고 있는 일본 땅에서의 평화가 아니었을까. 그런 평화 속에서 조선인과 일본인이 함께 잘 살기를 기원했을 것이다. 그러했기에 이국땅에서 조선 도공의 리더가 되었고 지금도 일본에서 추앙받는 큰 인물이 되었다. 그리고 한국과 일본의 평화와 안녕을 기원하는 백파선의 염원은 현재도 유효하다.

12

1925-2006

변진수

: 여성복지와 인권운동의 선도자

변정원

⟩ 성원(聖元) 변진수 선생과 김해 여성복지회관의 의미

(사진 출처: 김해여성복지회관)

   김해시 봉황동 25-9번지(가락로15번길 22)에 김해여성복지회관이 있다. 김해의 여성들이 힘을 모아 만든 우리나라 최초의 민립(民立) 여성회관이며, 전국에서 유일하게 여성이 지은 여성회관이다. 그 중심에는 고(故) 변진수 선생이 있다. 변진수 선생은 김해와 여성을 위해 일생을 헌신과 봉사로 살다 가신 분이다. 김해는 물론이고 우리나라 여성계의 정신적 지주였던 선생의 아름답고 치열한 삶을 돌아본다.

⟩ 수주 변영로의 딸로 태어난 변진수 선생

   성원 변진수 선생은 일제 치하인 1925년 「논개」의 시인 수주 변영로 선생과 이흥순 여사의 장녀로 서울에서 태어났다. 수주는 일제를 위한 글 한 줄 쓰지 않았고 창씨개명을 거부하며 절개를 지키던 민족시인이다. 그의 명망은 높았으나, 가족들은 지독한 가난과 어려움을 겪어야 했다. 변진수 선생은 10세 때 어머니를 여의고 배다른 세 남동생을 업어 키우며 지독한 가난을 견디었다. 가난 속에서도 배화여고를 졸업한 변 선생은 경기도 계양보통학교 교사로 재직했다.

교사 생활을 하던 중 1944년 3월 서울대학교 의과대학에 재학 중이던 동호(東湖) 문익상과 결혼하게 된다. 문익상은 서울 경기중학교 다닐 때부터 이병각 댁에서 하숙하였는데 이병각의 중매로 맺어진 것이다. 이병각은 삼성가의 호암 이병철의 형님 되시는 분이다. 그렇게 하여 김해로 시집을 왔다. 시댁은 김해 가락면 봉림리에 살던 남평 문씨 집안이었다.

가운데는 부친 변영로 시인과 단발머리 소녀 변진수 선생

(사진 출처: 김해여성복지회관)

배화여고 시절 (맨 왼쪽)

⟩ '서울 아가씨'에서 '김해 아지매'로 새로운 삶의 시작

'서울 아가씨' 변진수는 김해 시댁으로 신행 온 지 일주일 만에 공부하는 남편을 서울로 보내고 농사일을 거드는 '김해 아지매'로 살아야 했다. 익숙하지 못한 경상도 사투리에 적응하고, 낯선 농사일을 해내며 상일꾼으로 사는 동안 남편은 의대와 군의관 복무를 마치고 돌아왔다. 남편이 1957년 김해읍(서상동 117)에서 병원을 개업하면서, 선생은 30대 중반에 비로소 살

림을 났다. 그러나 병원 살림과 많은 식구를 건사하느라 쉴 틈이 없기는 여전했다고 한다. 바쁜 농사일에서 헤어나 여유가 생긴 변 선생을 찾아온 것은 자신에 대한 고민이었다. 선생은 이 당시에 "나는 무엇인가? 도대체 무엇에 쓰이려고 태어난 사람인가?" 하는 생각을 했다고 한다. 자신의 길을 걸어가는 남편에 비해 시대에 뒤떨어진 여성으로 전락할지도 모른다는 위기감을 느낀 선생은 사회활동을 시작했다. 1968년 3월 '대한적십자사 부산 경남지사 김해 부녀봉사회'를 창립했다. 봉사회의 회장을 맡으면서 제2의 인생이 펼쳐진 것이다.

〉 적십자 김해군 부녀봉사회

그 당시 변진수 선생은 대한적십자사 김해 부녀봉사회의 회장으로 취임했다. 김해 사회에서는 적십자에 대한 상식이나 인식도 없던 때라 완전 무에서 시작되었다. 적십자 본부에서는 연말 봉사, 중추절 봉사, 불우이웃돕기, 극빈 산모 구호, 고아원 방문, 교도소 방문 등 많은 일을 해나감에 있어 어려움이 많았다. 변진수 선생은 '보람회'라는 모임을 하고 있었는데, 급한 대로 거기에 도움을 청하여 집집마다 돈과 쌀을 거둔 다음 한 가마 넘게 시루떡을 쪄서 각 고아원(그 당시는 김해군 내에 고아원이 많이 있었다.) 인원수에 따라 나누어 주곤 했다. 김해 교도소의 수감자들에게도 생일잔치와 선물도 해주었다. 보람회 회원들을 봉사회원으로 가입시킨 것이 김해여성복지회의 기초가 되었다.

⟩ 변진수 선생의 강한 의지와 일기 쓰기

"어머니가 계속 마음속으로 생각했던 것을 바깥으로 나타내어 활동을 시작한 계기가 이 일이 아니었나 기억됩니다." 변진수 선생의 장남 문병조 씨의 회상이다. "어머니는 평생 일기를 쓰셨습니다. 철두철미한 성격이셨고, 한번 뜻을 세우면 끝까지 이루어 내셨지요. 언행이 일치하시는 분이었습니다. 김해에서 어머니가 이루어 낸 일들도 어머니의 강인한 의지, 그리고 김해의 많은 여성들이 마음을 보탰기에 가능한 일이었다고 생각합니다." 문병조 씨는 "어머니는 평소에 늘 말씀하시기를 '죽고 나면 썩어 없어질 몸, 살아 있을 때 써야 한다'"라며 한순간도 쉬지 않고 일을 하셨다고 전했다.

⟩ 「쪽보」에서 느껴진 변진수 선생의 삶의 철학

일하는 매 순간 선생은 그 일의 의미를 생각하셨다. 선생이 남긴 산문 「쪽보」는 그 마음을 엿보게 한다. "나는 삼베나 안동포 조각으로 쪽보를 만들면서 이 옷감을 짠 직녀들을 생각한다. 이 땅에 심어 키운 삼나무를 베어다가 삶아 손으로 껍질을 벗기고 갈라서 실을 내어 베틀에 앉아 이 베를 짰으리라. 그런 공력이 든 천을 한 조각도 버리기가 아까워 옷을 재단하고 남은 조각들을 모아 두었다가 조각보를 만드는 기쁨도 작지는 않다. 조각보는 하루아침에 만들어지는 것이 아니라 하루에 몇 조각씩, 일 년 열두 달 짜투리 틈이 날 때마다 이어서 만든다. (중략) 어쩌면 인생도 이 쪽보처럼 시간과 만남과 경험의 조각을 이어가는 것인지도 모른다. 한 조각 한 조각이 모여지고 이어져서 여름날 밥상을 시원하게 덮어주는 번듯한 상보가 되듯 여자인 나에게 주어진 조각 시간을 헛되이 버리지 않고 이어서 조각보를 완성하듯 끈기 있고 겸허하게 내 칠십 평생의 역사를 만들려 노력했었다는 생각을 해본다."

⟩ 여성복지와 인권운동의 선도자, 변진수 선생

변진수 선생은 한결같은 마음으로 여성 인권·복지·문화의 불모지인 김해에서 여권신장운동과 가난 퇴치, 자원봉사, 장학사업 등으로 김해 여성들을 깨우쳐 나갔다. 1975년에는 부녀상담소를 설치했다. 선생을 중심으로 깨어 있던 몇 여성들은 여성들의 쉼터와 평등사회의 터전을 만들고자 70년대 중반부터 계를 조직하였다. 또 25명의 여성이 몇 년 동안 회관 건립을 위한 새마을 적금도 들었다. 변진수 선생은 당시의 마음을 "우리들이 활동할 수 있는 장소가 생긴다면 여성단체들의 월례회도, 활동할 수 있는 공간도, 안노인들의 휴식처도, 여성 교육을 위한 강좌도, 취미 교실도, 직업 알선도 할 수 있다고 생각하니 너무나 흥분이 되었다"라고 회고하는 글을 남겼다.

╲ 김해 여성복지회관 건립의 발자취와 의미

여성을 위한 전용의 장소도 없었고, 여성들에게 주어지는 기회도 없었다. 여성 사회봉사의 활동도 그야말로 황무지 같던 김해에 여성들의 성장을 위해 구심점 역할을 할 수 있는 회관을 짓기 위해 정성과 열정으로 매달렸다. 뜻을 같이한 여성들이 먼저 돈을 냈다. 여성들의 공간이 생긴다는 희망으로 김해 여성들은 젊은이에서 할머니까지, 각 리와 동의 부녀회들도 나서 모금하며 회관 건립에 힘을 보탰다. 같은 지역에 사는 남성으로서 넉넉한 마음을 보태주는 어른들도 있었다.

김해여성복지회관 창립 멤버

김해여성복지회관 건립 기념비

1974년 뜻을 같이한 노차남, 최차금, 차현덕, 박복희, 김태연, 변진수 선생은 보람된 일을 해보자는 생각으로 그 당시 50만 원짜리 계를 조직했는데, 그 돈이 오늘날 여성회관 건립의 기초가 되리라고는 꿈에도 상상을 못했다고 한다.

처음 뜻을 세운 지 10년이 지난 1982년 5월 26일 김해 여성복지회관이 준공되었다. 준공식 날 식사에서 선생은 "이 생명 다하는 그 날까지 김해 여성을 위하는 일이라면 신명을 바치겠다"라며 눈물을 흘렸다.

1988년 가정법률상담소 김해지소에서의 변진수 선생(가운데)

〉 김해 여성복지회관 운영과 발전의 어려움과 기여

회관 건립 후에는 운영과 발전이라는 어려운 일이 기다리고 있었다. 선생은 후원단체인 여성복지회 회원들과 함께 많은 일을 했다. 어버이날이면 무궁화꽃을 만들어 팔고, 수예품·서예품·홈패션·음식 등을 만들고 바자회를 열며 수익사업도 부지런히 했다. 이렇게 모인 기금으로 김해의 어려운 청소년들에게 장학금도 전달하고 회관도 운영했다. 여성대학을 운영하며 김해 여성들의 정신을 살아 있게 하는 일도 시작했다.

1982년 5월 김해여성복지회관 건립

﹥ 변진수 선생의 유산을 이어가는 후계자들

4대 관장인 장정임 관장은 여성대학 일로 변진수 선생과 인연을 맺었다. "여성운동을 하는 수많은 활동가를 만나 보았지만, 여태껏 변진수 선생님만큼 올바르고, 심지 굳고, 곧은 분은 없었습니다. 누구라도 진실하고 성실하게 대했고 존중하셨습니다"라며 고인을 그리워했다. 선생이 한 많은 일을 짧은 지면에 모두 소개할 수 없어 안타깝다. 변진수 선생은 오랫동안 앓아온 당뇨로 인하여 분당의 아들 집에서 투병 생활을 하다가, 2006년 8월 7일 오후 3시 30분, 향년 81세로 운명했다. 김해와 여성을 위해 헌신과 봉사와 열정을 쏟아부으며 살았던 아름답고 강인했던 여성이었다.

↘ 나갑순 이사의 회상과 변진수 선생의 영향

김해 여성복지회관 법인 이사를 맡고 있는 나갑순(수필가·가야여성문학회 전 회장) 이사는 변진수 선생의 집안 조카며느리이다. 나갑순 씨에게 선생은 '언제나 다정하고 온화한 모습으로 여성이 지녀야 할 부덕과 사회봉사의 중요성을 강조하시며 여성들의 지위 향상을 위해 여러 가지 일들을 해오신 집안의 어른'이었다. 그리고 김해의 큰 어른이었다. 나 씨는 "처음 내가 본 아지매는 집안의 어른으로서보다 김해 지역의 여성 봉사자로서 더 자리를 굳게 지키고 계셨다. 항상 소탈하시고 은은한 품위는 많은 여성에게 귀감이 되어 적십자를 비롯한 여러 봉사단체의 활동으로 늘 분주하셨다"라고 회고했다. 선생의 권유로 김해 여성복지회에 가입하여 고인의 뜻을 기리며 현재 김해 여성복지회의 이사로 섬기고 있다.

↘ 변진수 선생의 가르침과 정신을 이어가는 김해여성복지회관

글쓴이는 7대 관장으로 현재 김해여성복지회관을 이끌고 있다. 김해 여성복지회관 건립 43년 속 회관 곳곳에는 초대 변진수 관장님의 숨결이 그대로 남아있다. 직접 쓰신 글을 강당에 걸어두고 매일 읽어본다.

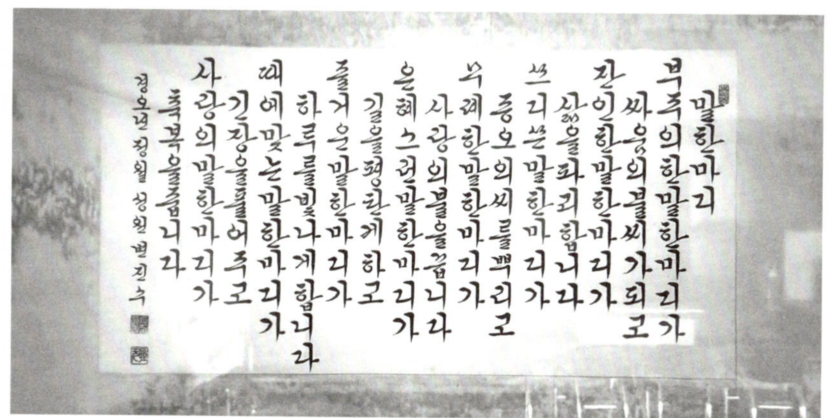

'부주의한 말 한마디가 싸움의 불씨가 되고 잔인한 말 한마디가 삶을 파괴합니다. 쓰디쓴 말 한마디가 증오의 씨를 뿌리고 무례한 말 한마디가 사랑의 불을 끕니다. 은혜스런 말 한마디가 길을 평탄케 하고 즐거운 말 한마디가 하루를 빛나게 합니다. 때에 맞는 말 한마디가 긴장을 풀어주고 사랑의 말 한마디가 축복을 줍니다.
– 경오년 정월 성원 변진수'

이 글을 읽으면 관장님의 인자하신 목소리가 들리는 듯하여, 언제나 마음에 새겨두고자 한다.

13

1948-1991

백영옥

: 시대를 가로지른 강인한 여성

류은주

김오랑 중령의 아내 백영옥은 남편의 비극적인 죽음 이후, 홀로 신군부의 폭압적인 현실에 맞서 진실과 명예 회복을 위해 강인한 투쟁을 벌인 인물이다. 그녀의 삶은 나약한 개인이 거대한 독재 권력에 맞서 얼마나 용기 있고 끈질긴 저항을 할 수 있는지를 보여주는 시대를 초월한 증언이라 하겠다. 남편 김오랑 중령의 참군인 정신이 빛을 발했다면, 아내 백영옥의 삶은 그 빛을 세상에 드러내기 위해 모든 것을 바친 강인한 여성 투사의 기록이다. 특히 백영옥 여사의 삶과 투쟁의 결실은 남편의 고향인 김해에 명예와 교훈을 남겼다는 점에서 그 의미가 깊다.

︾ 사랑과 헌신, 그리고 김해와의 인연

백영옥은 1948년 평안남도 순천에서 태어났으나, 한국전쟁을 피해 가족과 함께 부산으로 피난을 내려와 성장했다. 그녀의 삶의 궤적은 김해 출신의 남편 김오랑 중령과의 운명적인 만남을 통해 깊게 연결된다.

백영옥은 고려대 법학과 재학 중, 김해여고 출신인 조한선을 통해 육사를 졸업하고 월남전에 참전 중이던 김해 삼정동 출신 김오랑을 알게 되었다. 그러던 중 부산 영주동의 집이 도시개발 계획 때문에 온 가족이 거리에 나앉게 되면서 서울에서의 대학 생활을 1학기 만에 끝내고 부산에 내려와 부산대 간호학과에 입학했다.

하지만 두 사람은 여전히 편지와 사진을 주고받으면서 깊은 사랑을 키웠다. 김오랑이 월남에서 귀국하여 영천 육군 제3사관학교에 근무할 때, 주말이면 어김없이 부산으로 달려왔다. 김오랑은 부산과 경남 인근의 명소인 범어사, 표충사, 해인사, 동화사 등 유적지 순례를 즐겼으며, 태종대, 팔선대, 에덴공원, 을숙도 등지에서 백영옥과 데이트하며 비극적 운명과는 상반되는 평화롭고 낭만적인 시간을 보냈다고 한다.

김오랑 중령과 아내 백영옥

그렇게 둘은 결혼을 약속하고 백영옥이 처음 김해 시댁을 방문하던 날은 그녀에게 잊을 수 없는 순간이었다. 시댁 어른들께 예쁘게 보이고 싶어 컬을 넣고 엷게 화장한 모습은 김해에서의 새로운 삶을 시작하는 예비 며느리의 설렘을 담고 있다.

"처음 김해에 가던 날, 그이는 화장하는 것을 싫어했지만, 나는 처음 뵙는 그이의 부모님께 예쁘게 보이고 싶었다. 아침부터 미장원에 들러 생머리에 컬을 넣었고 엷

게 화장도 했다. 전혀 다른 모습으로 서 있는 거울 속의 내가 어색했지만 성숙한 여
인의 티가 나야 며느리로 맞아 줄 것 같아 나름에는 만족하며 갔다. 아담하고 깨
끗한 삼정동 시댁에는 많은 분들이 계셨다. 막내며느리 감이 온다는 이야기를 들
으시고는 주위의 친척분들이 다 오신 듯했다."

– 백영옥 자전 에세이 『그래도 봄은 오는데』 중에서

1972년 12월 23일 두 사람은 결혼했다. 대전에 차려진 작은 신혼방에는
육사 동기들이 수시로 드나들었고, 신혼부부는 죄짓고 들킨 사람들처럼 멋
쩍어하며 밤마다 동기들을 치렀다. 노래를 시키면 노래를 하고, 없는 살림
에 동기들이 보름치 식량을 다 소비하고 가도 그 시절이 행복했노라 그녀는
말한다.

결혼 후 김오랑에게 유신 사무관 진급의 기회가 찾아왔다. 대위에서 소령
으로 진급할 무렵이었는데 군대를 예편하면 3급 공무원직으로 발령하는 제
도가 생겼다. 김오랑은 백영옥에게 선택권을 주었다. "당신은 군인입니다.
생명이 다할 때까지 참군인의 길을 걸으실 분이죠"라고 답하며, 남편의 정
의로운 군인의 삶을 지지했다.

그러나 1979년 12월 12일 군사반란의 밤, 남편 김오랑은 정병주 특전사령
관을 보위하다 흉탄에 맞아 전사한다. 갑작스러운 이 비극은 백영옥의 삶
을 송두리째 무너뜨렸고, 특히 극도의 정신적 충격으로 인해 시신경이 마비
되어 결국 시력을 잃게 되는 절망적인 상황에 부닥치게 된다.

〉 신군부와 싸운 10년의 치열한 삶

남편의 억울한 죽음 앞에 백영옥은 나약하게 무너지지 않았다. 그녀는 신군부의 압력에도 굴하지 않고 장교 관사를 떠나지 않은 채 진실을 파헤치기 시작했다. 1979년 12월부터 1991년 사망하기까지 10여 년간 백영옥의 삶은 독재 권력에 맞선 치열한 투쟁 그 자체였다.

그녀는 위험을 무릅쓰고 남편의 죽음 현장에 있었던 당번병을 만나 진실을 확인했다. 정병주 특전사령관을 피신시키고 혼자 총을 들고 맞서다 가슴과 배에 6발의 총탄을 맞고 김오랑 소령(1990년에 중령으로 추서)은 쓰러졌다. 김오랑의 몸에서 분수처럼 터지는 피를 등에 적시며 의무실까지 업고 뛰었다는 당번병은 상관들의 함구령에도 불구하고 박종규(하나회)가 사령관을 잡아가기 위해 휘하의 특전대원 10여 명을 이끌고 와서 김오랑을 향한 총격을 지휘했다는 사실을 말해 주었다.

박종규. 그는 사건이 있기 며칠 전에도 부부 동반으로 식사를 나눈 이웃이며, 오래전부터 인연을 맺어오던 사람이다. 이웃이자 남편의 동료였던 박종규를 찾아가 12·12 군사반란의 비겁한 실상을 대면하는 장면은 그녀의 대담함과 용기를 극명하게 보여준다. 그녀가 박종규에게 던진 "군인이 반란 일으키라는 걸 명령대로 하나 보죠?"라는 짧은 질문은 불의한 권력에 대한 단호한 일갈이자 역사적 진실을 꿰뚫는 통찰이었다.

"만나주지 않는 박종규의 문 앞에 서서 몇 시간을 기다리다가 얼어붙은 몸을 돌려 다시 집으로 오던 날, 끝없이 내리던 눈 속에 쓰러졌다. '이대로 얼어 버리자. 이대로 눈 속에 얼어서 나도 눈이 되어 버리자.' 그때 지프차 한 대가 불을 밝히며 지나가는 모습이 보였다. 그 지프차의 헤드라이트에 하얀 눈이 어지럽게 흩날리는 것이 보였다. 나는 그 흩날리는 흰 눈이 남편의 유골이라는 생각이 들었다.

남편의 유골이 온 천지에 하얗게 내리는 것이리라.

그대 가슴 속에 묻히고 싶나니,

흰 유골 가루여 내 몸이 보이지 않도록 계속 뿌려다오.

정신이 들었을 때, 나는 관사 안방에 누워있었다."

– 백영옥 자전 에세이 『그래도 봄은 오는데』 중에서

사건이 터지고 남편 김오랑은 특전사령부 인근 뒷산에 암매장되었다가 1980년 2월 29일, 동료들과 백영옥의 목숨을 건 항의 끝에 국립묘지에 안장되었다. 이후 시력을 상실한 몸으로 카세트테이프에 구술하여 자전 에세이 『그래도 봄은 오는데』를 출간했다. 이 책은 노태우 정권의 탄압으로 배포

 김해여성인물사

가 막혔지만, 그만큼 그녀의 기록이 얼마나 권력에 위협적이었는지를 증명한다고도 하겠다.

– 백영옥 자전 에세이 『그래도 봄은 오는데』 중에서

⌇ 김대중의 출마 권유와 민주화의 상징

백영옥의 끈질긴 투쟁과 헌신은 군부 독재에 저항하는 민주화 운동의 상징이 되었다.

1989년 그녀는 남편의 명예 회복과 사건의 정확한 진상 규명을 위해 '김 소령에 대한 1계급 특진 서훈 및 보상을 요구하는 청원'을 국회에 냈다. 1990년 1월 22일, 백영옥은 평화민주당 당사를 찾아 김대중 총재에게도 남편의 특진을 요청했다. 당시 김대중 총재는 그녀의 숭고한 정신과 활동을 높이 평가하며, 이후 그녀에게 선출직 출마를 권유할 정도로 백영옥의 활동은 민주적인 역량을 인정받았다. 이처럼 그녀는 단순한 미망인을 넘어 정치적 소신이 있는 활동가로 대우받았다.

1990년 2월 1일, 신군부에 협조하지 않아 반역사적 인물로 평가되어 거론조차 금기시되던 김오랑 소령에 대해 국방부는 '민원인(백영옥)의 요구'라는 단서를 붙여 중령 진급을 추서했다. 단서를 붙인 이유는 국방부가 추진한 것이 아니라는 것을 강조한 것이다.

╲ 김해와의 연결고리 그리고 지역 명예 회복

이학봉 사퇴 강연 포스터

백영옥은 남편의 명예 회복을 위해 전국적인 활동을 펼쳤다. 특히 남편의 고향인 김해 지역에서의 활동은 반란 세력에 대한 직접적인 저항이라는 점에서 큰 의미를 지닌다. 그녀는 1990년경, 12·12 군사반란의 핵심이었던 이학봉의 의원직 사퇴 관철을 위한 김해시·군민대회에 강연자로 직접 나서 신군부 세력에 대한 강력한 비판과 퇴진 요구 운동에 힘을 실었다.

김해 출신인 김오랑의 의로운 죽음과, 같은 경남 출신이면서 반란의 주역이었던 이학봉에 대한 투쟁은 김해와 경남 지역의 명예를 회복하려는 백영옥의 결연한 의지를 상징적으로 보여준다.

⟩ 극한의 절망 속에서 찾은 삶의 터전

12·12 군사반란으로 남편 김오랑 중령을 잃고 정신적인 충격으로 시력까지 완전히 상실한 백영옥은 삶의 밑바닥에서 새로운 소명을 찾았다. 그녀의 부산에서의 삶은 절망을 딛고 타인을 위한 헌신으로 승화시킨 강인한 정신력의 기록이라 볼 수 있다.

1980년 5월 광주 민주화 운동의 비극이 겹치던 시기, 백영옥은 남편의 억울한 죽음과 시력을 잃은 고통을 안고 서울을 떠나 고향 부산으로 내려왔다.

부산에 도착했을 때 그녀의 시력은 걷잡을 수 없이 나빠져 모든 것이 흔들리고 허물어지는 듯했다. 만 원짜리와 천 원짜리 지폐조차 구별할 수 없을 정도로 절망적인 상태였으며, 병원에서는 "정신적인 충격에서 시신경의 마비가 온 것"이라고 진단했다. '사인펜으로 글씨를 크게, 더 크게' 써야만 자신이 쓴 글씨를 가늠할 수 있는 고통을 감수해야 했다. 온 세상이 아득하고, TV 총소리에도 까무러치는 전율을 느꼈다.

그러나 그녀는 절망 속에서 자신을 '물가의 외로운 기린'이라는 뜻의 새로운 이름, 백수린(白水鱗)으로 명명하며 좌절하지 않겠다는 강한 의지를 다지기도 했다. 그녀의 자전 에세이 『그래도 봄은 오는데』가 처음 출간되었을 때는 저자 이름이 백수린이었다. 백수린의 에세이집 출간은 고통을 감수하면서도 진실을 기록하고 남편의 명예를 회복해야 한다는 소명을 담은 작업이지 않았을까 짐작한다.

백수린 자전적 에세이
『그래도 봄은 오는데』 초본

절판된 초본을 2024년 '김해인물연구회'가
앞장서 재출간하였다.

남편을 잃고 시력마저 잃고 난 절망의 시기, 그녀는 교도소 교화 사업을 하던 영도 봉래산 미룡사 주지 정각 스님을 만나게 된다. 스님으로부터 2년간 전화 법문을 받으며 마음의 평정을 찾기 시작했고, 불교에 귀의하면서 봉사라는 새로운 삶의 방향을 깨닫는다. 백수린의 삶이 시작된 셈이다.

시력을 잃은 후, 그녀는 '맹인에 대해서 알아야겠다'라는 생각에 병원에서 소개받은 맹아를 지도하는 권 선생님을 만났다. 이 만남으로 그녀는 자신의 운명을 직시하게 됐다. 시련을 회피하지 않고 마주하기로 결심한 것이다. 이는 남편의 명예를 지키기 위해 군부 독재에 맞섰던 용기가, 이제는 자신의 처절한 현실과 맞서는 강인한 의지로 전환되었다고 보아야 한다.

〉 자비원 설립과 이타적인 헌신

1983년 1월, 백영옥은 정각 스님의 권유로 부산 영도구 영선동의 '불교 자비원'을 인수하여 사회봉사를 시작하며 '제2의 인생'을 개척했다.

시력을 잃은 몸으로도 자비원에서 다양한 교육 사업을 벌였다. 일반 시민들을 상대로 가야금, 단소 등의 악기 강습과 고전 춤, 살풀이 등 문화 강좌를 열었고, 여성 예절 교육에 다도를 포함하는 등 지역 사회의 교양 함양에 힘썼다.

자비원은 매일 20~30명의 소액 후원(2~3천 원)에 의지했지만, 그 절반을 더 가난한 사람들을 돕는 기금으로 사용했다. 연말에는 회원들과 함께 나환자촌, 고아원, 양로원 등을 방문하며 직접 나눔을 실천했다.

백영옥은 자비원에서 '자비의 전화' 상담실을 운영하며 수많은 절망에 빠진 이들을 만났다. 이 상담은 남녀, 부부, 고부간의 문제들을 다루었는데, 때로는 "자살하겠다"라는 협박성 전화나, 심지어 "상담 선생님 목소리가 예쁘다"라며 만나 보자고 하는 장난 전화까지 걸려왔다고 한다. 그러나 그녀는 그럴 때일수록 감정의 동요 없이 침착하고 단호하게 상황을 처리했다. 남편의 억울한 죽음과 신군부의 탄압을 겪으며 다져진 그녀의 강인한 내면이, 혼란스러운 세상의 목소리에도 흔들리지 않는 '자비의 목소리'를 지켜낼 수 있게 했으리라.

백영옥은 시력을 잃은 극한의 고통을 다른 이들의 고통을 보듬는 이타적인 에너지로 승화시켰다. 그녀의 자비원 활동은 독재 권력의 희생자였던 한 여성이 절망을 딛고 일어나 사회에 헌신하는 강인한 여성 리더로 거듭났음을 보여주는 숭고한 기록이라 하겠다.

〉 멈추지 않는 법정 투쟁과 탄압의 그림자

자비원 봉사활동 중에도 백영옥은 남편 김오랑 중령의 명예 회복을 위한 투쟁을 멈추지 않았다. 1989년 정병주 장군이 의문의 죽음을 맞자, 백영옥은 마침내 1990년 신군부 핵심 인사를 상대로 민사소송을 제기하며 권력에 대한 법적 대응을 감행했다. 당시 국회의원이었던 고(故) 노무현 전 대통령과 장기욱 변호사가 민사소송을 안내하고 지원했다고 한다. 이는 신군부를 향한 최초의 법적 대응으로 그 상징성이 크다.

소송 준비 과정에서 백영옥은 보안사, 안기부 등 권력기관의 감시와 압력에 시달렸고, 심지어 소송을 바라지 않는 세력에 의해 강제 입원이 되어 가족의 면회까지 차단당하는 탄압을 겪었다. 이와 더불어 신군부와 유착된 언론은 그녀를 폄하하기 위해 노골적으로 나섰다. 당시 부산일보 등 일부 매체는 백영옥의 명예를 훼손하고 투쟁을 좌절시키기 위해 특정 판사와의 관계 등 거짓된 염문설을 꾸며 퍼뜨리는 등 치졸한 공격까지 서슴지 않았다. 그녀는 이 모든 외부의 엄청난 압력과 명예 훼손을 여자의 몸으로 홀로 견뎌냈다.

1991년 초, 그녀는 남편의 육사 동기였던 권경석(하나회)이 자비원과 마주 보는 영도구청의 구청장으로 발령받아 오는 것을 목도하면서도, 독일 선교사들의 도움을 받아 눈 치료를 다시 시작할 계획을 세우는 등 삶을 포기하지 않고 재기를 꿈꾸고 있었다.

⌐ 의문의 죽음과 남겨진 진실

그러나 그녀의 헌신적인 삶은 결국 비극적인 의문사로 마무리된다.

1991년 6월 28일 밤, 그녀는 전두환, 노태우 등에 대한 민사소송을 제기하기 직전, 그리고 눈 치료를 다시 시작하기 불과 1주일 전에 돌연 사망했다.

경찰은 백영옥이 자비원 3층에서 '실족사'했다고 발표했다. 그러나 이 장소는 시력을 완전히 잃은 그녀가 한 번도 올라가 본 적이 없는 곳이었고, 허리 높이의 좁은 난간을 뛰어넘어야 했다. 사건의 목격자도 없다는 점에서 '권력에 의한 타살 의혹'이 강하게 제기되었다. 그녀의 죽음은 신군부의 비열한 탄압이 가져온 또 하나의 명백한 희생으로 역사에 기록되어야 한다.

＞ 끝나지 않은 비통함과 '김오랑 정신'의 오늘날 의미

백영옥의 비극적인 최후는 독재 권력의 잔혹함을 극명하게 보여준다.

남편 김오랑 중령이 묻혀있는 국립묘지에 합장되어야 했을 백영옥의 유골은 영락공원 무연고 납골당에 10년간 보관되었다가 결국 산골 터에 뿌려져 흔적조차 찾을 수 없게 되었다. 이는 그녀의 외롭고 숭고했던 투쟁이 끝까지 존중받지 못한 비통한 현실을 상징한다.

그러나 그녀의 투쟁은 헛되지 않았다. 백영옥의 강인한 생애와 헌신적인 투쟁이 있었기에, 훗날 12·12 사태가 '하극상에 의한 군사반란'으로 규정되는 데 결정적인 영향을 미쳤으며, 김오랑 중령에게 보국훈장 삼일장이 추서되는 결실을 보았다. 이러한 투쟁의 최종적인 결실은 남편의 고향인 김해에 명예롭게 남아있다. 2014년 김오랑 중령에게 추서된 훈장은 현재 김해 활천동 주민자치센터 민원실에 전시되어, 백영옥 여사의 정의를 향한 끈질긴 삶과 희생이 헛되지 않았음을 우리에게 영원히 증명한다.

– 백영옥 자전 에세이 『그래도 봄은 오는데』 중에서

왜곡된 진실을 국가가 인정하기까지는 43년이라는 긴 시간이 걸렸다. 2022년 김오랑 중령의 군사망 사고진상규명위원회의 결정에 따라 순직이 아닌 전사로 바로잡혔다. 이는 백영옥이 사망하고도 30년이 훌쩍 넘은 시간이다.

〉 백영옥과 김오랑 중령의 삶 – '김오랑 정신'

'김오랑 정신'이란, 상관의 부당한 명령과 불의한 권력에 맞서 목숨까지 바쳐 항거하고 정의를 지켜낸 참군인의 자세를 의미한다. 이는 단순한 과거의 역사가 아니다. 2024년 12월 3일 계엄 사태와 같이 국가의 안위가 위협받는 상황에서 윗선의 부당한 명령을 다 따르지 않고, 헌법과 민주주의를 수호하려는 군의 양심적 행동이 나라를 지켜냈다. 이러한 '나라를 지키는 군인의 양심과 용기'는 40여 년 전 반란군에 맞서 홀로 총을 들었던 김오랑 중령의 정신적 유산이 현재까지 이어져 빛을 발한 것이다.

비록 비극적 최후를 맞았으나, 백영옥의 삶은 김오랑 중령의 의로운 죽음을 개인의 비극이 아닌 시대의 진실로 승화시키기 위해 모든 것을 바쳤다. 그녀는 나약한 여성이 아닌, 진실과 정의를 위해 자신의 모든 것을 바친 강인하고 용기 있는 시대의 여성 영웅으로 기억되어야 마땅하다. 그녀의 이야기는 어둠 속에서도 봄은 기어이 온다는 희망의 메시지를 우리에게 전하고 있다.

김오랑 중령과 아내 백영옥

14

1955-2014

박문숙

: 민주화 운동의 맏언니

김금수

﹨ 잊지 않는 것이야말로 산 자의 의무

어떤 삶은 개인의 것이면서도 시대의 것이기도 하다. 박문숙의 삶이 바로 그러했다. 그는 '민주화 운동의 맏언니'라는 이름으로 불리었지만, 그 앞에 놓인 길은 절대 순탄치 않았다. 그것은 한 남편의 아내로, 두 아이의 어머니로, 시대의 동지로서의 고난과 헌신으로 이어진 길이었다. 박문숙의 남편 김병곤 열사는 1980년대 군사독재에 맞서 싸우며 수차례 투옥과 고문을 당했다. 젊은 나이에 감옥살이를 거듭하며 몸과 마음이 망가졌고, 결국 민주주의를 향한 길 위에서 짧은 생을 마감했다. 많은 이들이 민주화의 이름으로 쓰러져 갔지만, 남은 가족에게 드리워진 상처는 깊었다. 그 무게를 감당한 이는 바로 그의 아내, 박문숙이었다. 박문숙은 단순히 한 열사의 아내로만 남지 않았다. 투옥된 남편을 뒷바라지하고, 아이들의 생계를 꾸려 가는 고단한 삶을 살아내면서도, 그는 자신의 슬픔을 사회적 연대의 힘으로 전환했다. 남편의 죽음 이후 그는 민주화 운동 유가족협의회에 참여하여 고문, 투옥, 사망으로 무너진 수많은 가정의 목소리를 모았다. 누군가는 "이제 그만 아픔을 잊으라"고 했지만, 그는 "잊지 않는 것이야말로 산 자의 의무"라며 유가족들의 손을 잡았다.

박문숙의 활동은 점차 기록과 기억의 영역으로 확장되었다. 2006년, 민주화운동기념사업회 사무처장으로 임명된 그는 수많은 민주화 운동 관련 사료를 모으고 정리하는 일에 앞장섰다. 누군가의 옥중 편지, 고문으로 훼손된 신문 스크랩, 거리 시위에서 쓰였던 피 묻은 현수막 하나까지, 그는 그것

들이 민주주의의 역사를 증언하는 귀중한 유산임을 알았 다. "사람은 죽어
도 기록은 남아야 한다"는 신념으로, 그는 운동가의 삶을 정리하고 보존하
는 데 힘을 기울였다.

1985년 김근태, 김병곤, 최민화 등 민청련 간부들이 구속되거나 수배되
자 그들의 아내들이 집행부 역할을 담당하며 조직을 유지했다. 사진 오
른쪽부터 박문숙, 인재근, 조명자, 진관스님. (사진 출처: 한겨레신문 기사 「박문
숙 선생 10주기 기리는 동지의 글」 조명자)

　이러한 활동 속에서 사람들은 박문숙을 '맏언니'라 불렀다. 앞장서서 목
소리를 내면서도, 뒤따르는 동지들을 품어주는 언니 같은 존재. 병마가 몸
을 갉아먹는 순간에도, 그는 자신보다 다른 이들을 먼저 챙겼다. 유방암 투
병 중에도 행사장을 지키고, 동지들의 상가(喪家)에 달려갔으며, 젊은 활동
가들에게 "너희 세대의 민주주의는 어떤 모습이어야 하겠느냐" 묻곤 했다.
그에게 민주화 운동은 특정 세대의 고난으로 끝나서는 안 되는, 미래를 향

해 이어져야 하는 연대의 과정이었다. 민주주의는 거대한 정치 투쟁만으로 이루어진 것이 아니다. 투옥된 이들을 기다린 가족의 인내, 희생 뒤에 남은 자들의 울음, 그리고 그 울음을 연대로 바꾸어낸 이들의 힘이 모여 완성된다. 박문숙의 삶은 그 사실을 증언한다. 그는 남편의 빈자리를 지키는 동시에 민주주의의 빈자리를 채워 넣은 사람이었다.

〉 생애의 동반자 김병곤을 만나다

박문숙은 1955년 1월 19일 경북 영주에서 약품 도매업을 하던 박우성, 이필순의 차녀로 출생했다. 1974년 영주여고를 졸업하고 서울여자대학교 영문과에 입학하였고 대학 1학년 때 교내에서 학생운동을 선도하던 '녹수회'에 가입하였다. 심훈의 소설 『상록수』에서 이름을 딴 녹수회는 충청도의 한 마을을 정해 매년 여름과 겨울 농활(농촌활동)을 다녔다. 그는 대학에 재학하던 내내 그 행사에 빠지지 않았다. 서울여대의 경우 학생운동에 참여하는 학생들의 수가 워낙 작아 교내 활동보다 학교 밖에서의 연대 활동에 주력했다.

1974년 김병곤은 민청학련 사건으로 기소돼 비상보통군법회의 비공개 재판에서 사형이 구형된 뒤 최후진술에서 "검찰관님, 재판관님, 영광입니다. 감사합니다. 아무것도 한 일이 없는 저에게까지 이렇게 사형이라는 영광스러운 구형을 주시니 정말 감사합니다. 사실 저는 유신 치하에서 생명을 잃고 삶의 길을 빼앗긴 이 민생들에게 줄 것이 아무것도 없어 걱정하던 차에 이 젊은 목숨을 기꺼이 바칠 기회를 주시니 고마운 마음 이를 데 없습니다. 감사합니다"라고 했고, 함께 피고로 섰던 유인태, 나병식, 여정남, 김지하, 이현배 등 기라성 같은 선배들을 머쓱하게 했다. 다행히 2심에서 무기징역으로 감형되었고 1975년 2월 석방되었다. 그 후로 김병곤은 운동권의 대명사였다. 민청학련 재판 일화를 덮어 두더라도 인물로나 인격으로나 운동가로서의 면모로나 후배들에게 김병곤은 민주항쟁 역사에 전설이었다.

1977년 2월에 꾸려진 향린교회 야학은 향린교회가 자리 잡은 명동 인근의 구두닦이 청소년을 주 대상으로 운영되었다. 『어느 돌멩이의 외침』으로 알려진 노동자 유동우(노동법), 동일방직 노동자였던 석정남(노동 현장 경험) 그리고 서울대의 장덕주(한문) 등이 야학의 교사를 구성했는데 김병곤이 교장을 맡았다. 그리고 같은 해 4월 대학 4학년이던 박문숙은 학내에 유인물을 살포하고 서울공대·이화여대 등과 연합 시위를 시도했고 이화여대 친구를 통해 향린교회 야학 교사로 참여했다.

지금은 휴대폰만 있으면 어디서나 할 수 있는 대통령 욕도 긴급조치 시대에서는 군법 판사의 판단에 따라 사형이 집행되던 시절이었다. 1978년 초 박문숙은 졸업을 앞두고 있었다. 당시 성수동에 있던 모나미 사업장에서 어린 여성 노동자들에게 임금을 미지급하는 문제가 발생했을 때 향린교회 야학에서는 그동안 교육받은 노동자들을 모나미 사업장에 들여보내기로 하고 2~3명 정도 되는 여성 노동자들이 살 방을 구하러 김병곤과 박문숙은 성수동 일대를 헤매고 다녔다. 그렇게 허름한 골목을 돌아다니던 중 느닷없이 김병곤은 박문숙에게 결혼 이야기를 꺼냈다. "내가 집안의 장손입니다. 그리고 할머니가 편찮으신데 만약 돌아가시면 3년 상을 치러야 하니까 그 전에 결혼을 해야 할 것 같아요." 박문숙으로서는 난감했다. 야학의 교장과 교사로 일을 꾸려나간 사이여서 친밀함과 신뢰감이 적지는 않았고 남녀감정이 아예 없는 건 아니었지만, 결혼 이야기를 할 만큼의 연애 관계는 전혀 아니었다. '내가 저 사람을 감당할 수 있을까? 저 사람이 살아온 삶처럼 앞으로의 삶도 그러할 진데 그런 삶을 내가 감당할 수 있을까? 저 사람과 살아가는 삶에서 내 몫을 해낼 수 있을까?' 아무리 생각해도 자신이 없었다.

무거운 마음으로 고향에 다녀온 그 한 달 사이 김병곤은 1978년 4월 동일방직 민주노조 탄압 사건을 세상에 알린 이유로 유언비어 날조 및 국가 모독 혐의로 다시 구속되어 있었다. 박문숙은 충남의 오가중학교와 삽교고등학교에서 교사로 재직했고, 김병곤은 3년 동안 3번의 구속과 투옥, 구금을 당했다. 그러면서 서로에 대한 신념과 믿음을 확인했고, 삶을 함께 짊어지기로 결심했다. 1981년 3월 은평구 신사동에 셋집을 얻고 가족과 동료가 지켜보는 가운데 조촐하게 결혼식을 올렸다. 억압받는 시대에 서로에게 의지하며 살아가고자 한 것이다.

1983년 민청련 출범, 1984년 노동자복지협의회 출범. 1985년 민통련 출범. 눈코 뜰 새 없던 시절, 결혼과 함께 교사를 그만둔 박문숙 대신 김병곤은 대학 선배가 운영하던 회사에 잠깐 취직하지만, 민청련 부위원장과 민통련 정책실 차장을 동시에 맡으면서 금세 사표를 냈다. 박문숙은 전업운동가의 아내들이 대개 그렇듯, 번역이나 관공서 우편물 발송 등 아르바이트를 하며 두 딸을 키우고 남편 뒷바라지를 했다.

1985년 7월 민청련 상임위원장이던 김병곤이 귀갓길, 밤 10시쯤 자기 집 앞에서 치안본부 대공수사단 소속의 사복 경찰들에게 붙들려갔다. 남편의 귀가를 기다리던 박문숙은 늦은 밤, 문밖에 나가 기다리다가 집 안으로 들어왔다. 그러길 여러 차례 되풀이하던 중에, 무심코 집 옆에 낯익은 가방이 떨어져 있는 것을 발견했다. 무슨 일이 생긴 것을 알고 날이 밝기를 기다리며 온 사방에 연락하면서 실종된 남편을 찾아다녔다. 그렇게 김병곤은 또다시 구속되었다. 그것은 김근태 의장을 비롯한 민청련 간부들에 대한 전면적 탄압의 신호탄이었다. 박문숙은 연행과 구속에 넋이 나간 부인들의 손을 이끌고 관할 경찰서며 남영동. 옥인동. 장안동 대공 분실을 돌며 싸우고 면회하고 성명서를 만들며 농성했다. 그 일은 대학생과 노동자 부모들로 확대되었다.

박문숙은 그날 이후 줄곧 용산경찰서를 찾아갔다. 번번이 거절당하면서도 면회 신청을 멈추지 않았다. 결국, 짧으나마 면회가 성사되었다. 경찰서가 아니라 검찰청에서였다. 김병곤이 '집회 및 시위에 관한 법률' 위반과 국가모독죄로 구속되어 검찰청으로 이첩된 뒤였다. 면회는 담당 검사 고영주의 방에서 이루어졌다. 김병곤은 아직 범죄혐의가 확정되지 않은 송치 과정임에도 불구하고 포승줄에 묶여 있었다. 형사소송의 원칙과 규범이 파괴된 현장을 목도한 그는 옥신각신하며 관료들과 승강이를 벌였다. 그런데 그는 경황없는 와중에도 남편이 뭔가 신호를 보내고 있음을 알아챘다. 김병곤이 눈짓으로 신체 아래쪽을 가리키면서 고무신을 벗을 듯 말 듯 하는 낌새를 보였다. 박문숙은 알아들었다. '신발 속에 뭔가 전하고 싶은 게 있나 보다.' 그는 남편의 신발을 고쳐 신겨주는 척하면서 그 속에 감춰둔 쪽지를 손에 넣었다. 쪽지 속에는 김병곤이 발각의 위험을 무릅쓰고 동료들에게 전하는 글이 있었다. 공안기관의 수사 방향에 관한 것이었다.

1985년에서 1987년까지 박문숙은 한마당생활협동조합 전무이사로 일했다. 당시 도시 여성들은 일하면 약간의 휴가라도 있었지만, 농촌 여성들이 휴가도 없이 일하는 것을 보고 농촌에서 여성들의 인권과 복지 증진을 위해 노력하는 일이었다. 그는 농촌이 도시와 직거래를 하게 한다면 여성 농민들의 복지가 높아질 것이고 그렇게 하면 여성의 인권도 높아질 것이라고 확신했다. 농민들이 만든 농산물을 도시 사람들이 직거래할 수 있도록 동분서주했다.

1986년 6월 항쟁 직전, 김병곤이 당시 안양교도소에 수감되어 있었고, 크고 작은 일들을 면회 온 박문숙에게 부탁했다. 학생 운동가들에게 그는 은인이었고 마음씨 좋은 누님이었다. 재판을 위해 필요한 증인을 교섭하거나 교도소 내에 문제가 발생할 경우, 혹은 다른 교도소에 수감 중인 활동가들과 협력하는 일이 그를 통해 이루어졌다. 당시 박문숙은 남편 대신 두 자녀를 키우고, 남편을 도우면서 민주화 운동으로 구속된 학생들의 부모들을 찾아가 위로하고 재판을 어떻게 진행해야 하는지 알렸다. 면회를 오지 않는 학생에게 고추장부터 영치금까지 챙겨주고 바깥에 연락하는 궂은일을 맡아서 하는 사람도 박문숙이었다. 학생들의 재판이 있으면 유리한 증언을 해줄 교수들을 일일이 증인으로 채택할 수 있도록 부탁하는 일도 그가 감당했다. 한 번에 많은 일을 하면서도 시간을 쪼개 자신에게 주어진 과제를 해결했다. 본인의 속이 검게 타, 무너질 상황에서도 주변의 힘든 사람을 위로하는 일이 그의 몫이었다.

1987년 12월 김병곤은 제13대 대통령 선거 당시 구로구 부정투표 의혹으로 촉발된 구로구청 점거농성 현장 상황실장을 맡았다가 생애 6번째 구속되었다. 감방에서 위암 발병 사실이 밝혀져 형 집행정지로 6개월 만에 석방되었다. 암이 유발할 수 있는 온갖 합병증이 그의 몸을 덮쳐 왔지만, 김병곤은 한순간도 삶을 포기하지 않았고, 박문숙은 의사들이 버려둔 남편의 병을 의사보다 더 정확하고 세심하게 그리고 끈질기게 보살폈다. 문병 온 친지들이 병실 문 밖으로 나가 몰래 눈물을 훔칠 때도 박문숙은 결코 눈물을 보이지 않았다. 1971년 12월 6일, 서울대 경제학과 1학년 때 광주대단지에서 도시 빈민의 실상을 보며 '민중에게 쓸모 있는 삶을 살겠다'라고 결심한 이래 73년 최초의 반유신 시위를 시작으로 여섯 번의 구속을 겪으며 온몸으로 투쟁했던 남편 김병곤은 서른일곱의 짧은 삶을 마감했다.

1990년 김병곤 회복을 위한 기도회에 나온 박문숙의 모습
(사진 출처: 민주화운동기념사업회)

〉 생의 마지막까지 민주화 운동을 위해 헌신하다

"가장 충실한 삶은 살고자 노력하는 과정들이지 결코 결과의 문제가 아니라고 생각하오. 해야 할 일은 많고 길도 가깝지 않으니 무리하지 말고 한 걸음 한 걸음 나아갑시다." 여섯 번째 투옥을 겪고 있던 봄날의 감옥 안에서 김병곤 열사가 아내인 박문숙에게 썼던 편지글이다. 박문숙은 이 짧은 편지글을 오랫동안 마음속에 새기며 김병곤이 세상을 뜬 이후에도 자신의 길을 뚜벅뚜벅 걸어갔다. 경실련 재활용센터 사무국장으로 '아나바다 운동'을 지

김해여성인물사

휘했고, 농민운동 비례대표로 경기도 의원을 지냈다. 녹색환경운동 이사장으로 활동했으며 민주화운동기념사업회 사무처장, 사료관장으로 민주화 운동 사료를 정리했다. 특히, 50년 동안 사실상 방치해왔던 4.19 관련 자료들을 3년 동안 모아 총 8권의 『4월 혁명 사료 총집』을 발간했다. '4월 혁명'이라는 용어를 둘러싼 각계의 이견과 반발을 수렴하고 조율하는 일부터 좌우 보수 진보 각 진영의 균형을 유지하며 발간위원회 편집위원회를 구성하고 섭외하고 설득하는 일 등 가장 예민하고 속 썩는 일이 박문숙의 몫이었다.

2012년 1월 고(故) 김근태의 장지를 고르러 경기 마석 모란공원을 찾던 날, 박문숙은 응달의 김병곤 묘 앞을 한참 동안 떠나지 못했다. 햇볕이 안 들고 습해 이끼가 끼고 잔디도 자라지 않는 자리였다. 남 뒤치다꺼리 그렇게 해줬지만 제 남편 묘는 못 챙긴 것이다. 2013년 7월 26일 서울고등법원 제6형사부는 긴급조치 9호 위반으로 기소돼 징역 3년을 선고받은 1978년 이른바 '동일방직' 사건 재심에서 김병곤 씨에 대해 무죄를 선고했다. 선고 35년 만에, 작고 24년 만에 무죄를 선고받은 것이다. 이에 대해 박문숙은 "긴급조치가 위헌이라는 결정을 내렸으면 국가가 일괄적으로 무죄를 선고하고 명예 회복을 하면 된다. 유신정권으로부터 자유롭지 못한 박근혜 정부가 그 역할을 해야 하는데 외면하고 있다. 당사자나 가족들이 일일이 개별적으로 재심을 청구하는 어려움을 겪고 있다"라고 말했다.

2014년 2월 박문숙은 암 수술을 위해 입원했다. 입원 직전까지 그는 그 많은 민청학련. 민청련 관계자 재심청구 업무를 모아 정리하고 대응하는

데 매달렸다. 2014년 4월 1일, 박문숙은 두 딸(김희진. 김은희)을 통해 친지와 지인들에게 암 투병 사실을 알렸다. 시누이 김점란은 "오빠에게 시집와서 고생 많았다" 했더니 겨우 들리는 목소리로 "오빠가 욕심이 없이 살아줘서 고맙고 불행하다고 생각한 적 한 번도 없었다고 했다"라고 전했다. 2014년 4월 2일, "군사 독재를 결코 대물림하지 않겠다"라는 말을 입버릇처럼 달고, 남편을 대신해 불꽃 같은 삶을 살아낸 박문숙은 59세의 나이에 이 세상과 이별을 고했다. 장례위원회는 민주화운동기념사업회 잔디밭에서 그의 영결식을 치렀고 양가 유족의 동의를 얻어 모란공원 양지바른 자리에 부부를 합장했다.

박문숙은 이른 나이에 세상을 떠났지만, 그의 삶은 끝나지 않았다. 기념사업회에 남긴 기록들, 유가족들에게 남긴 따뜻한 손길, 그리고 후배들에게 전한 질문은 여전히 살아 있다. "우리는 어떻게 이 민주주의를 지켜낼 것인가?"라는 물음을 남긴 채, 시대의 맏언니로 남았다.

(사진 출처: 한국일보 「헌신이 무엇인가 알고 싶다면 이 사람을 보라」, 최윤필)

(사진 출처: 모란공원사람들 「민주화의 어머니 박문숙」)

김해여성인물사

15

1958-2022

노옥희

: 교육으로 희망을 세우다

이광희

≥ "한 명의 아이도 포기하지 않는 교육"

2018년 울산광역시 교육감 출마 때의 노옥희 (사진 출처: 노옥희재단)

이 말은 2014년 4월 16일, 325명의 아이들을 포함해 476명의 승객을 태운 세월호가 전남 진도 앞바다에서 침몰하여 304명의 안타까운 생명이 희생된 사건으로 인해서 교육 현장에서 나온 말이다.

그래서 이 세월호 참사 때부터 아이를 사랑하는 사람들은, 특히 교육계에서는 '한 명의 아이도 포기하지 않는 교육'을 가슴 아프지만 절실한 교육적 이상으로 떠올렸다.

그런데, 이러한 '한 명의 아이도 포기하지 않는 교육'을 꾸준히 추구하고 실천하였던 김해 출신의 교육자가 있다. 김해 한림 태생으로 울산교육감을 역임하다가 재직 중 과로로 별세하여 수많은 사람의 아쉬운 마음과 존경을 받은 노옥희이다. 교육자 노옥희의 별세일은 2022년 12월 8일, 가장 최근에 별세한 김해 출신 여성 인물이자 그를 기억하는 김해, 울산 등 많은 사람의 머리와 가슴 속에 아직도 생생하게 남아있는 인물이다.

＼ 김해의 농촌에서 태어나 자라다

유년 시절의 노옥희 (사진 출처:
『이제 다시 시작이다』, 2011, 240쪽)

1958년 1월 7일, 당시 김해군 생림면 금곡리 모정마을 41번지,[1] 사방이 산과 논과 밭인 농촌 마을, 아버지가 정미소를 운영하는 집안에서 노옥희는 태어나 자랐다. 당시 노옥희는 어릴 때의 생활을 자신의 자서전 격인 저서 『이제 다시 시작이다』에서 다음과 같이 묘사하였다.

"모두들 가난한 시절이었다. 겨울이면 손에 때가 새까맣게 끼고 트고 갈라져 피가 나기도 했다. 몸이나 머리에서 이가 기어 나오기도 했다. 겨울이면 호롱불 아래 둘러앉아 내의를 벗어서 이를 잡기도 했다. 추석이나 설이 되면 부모님이 새 옷이나 신발을 사 주었기 때문에 명절을 손꼽아 기다리기도 했다."

— 『이제 다시 시작이다』 239~241쪽에서

노옥희는 걸어서 20분이 걸리는 금곡국민학교를 졸업하고 집에서 5km 떨어진 곳에 있는 한림중학교를 다녔다. 매일 왕복 2시간의 도보 등하교를 하면서도 좋은 성적을 낸 노옥희는 부산의 데레사여고로 진학하여 졸업, 1975년에 부산대학교 수학과에 입학한다. 대학 1학년 때 어머니가 돌아가

---

1. 현재 이 지역은 1983년부터 김해시 한림면에 편입되어 있다.

시는 슬픔을 겪으면서도 입주 과외 등으로 돈을 벌어가면서 공부하여 1979년 2월 부산대학교를 졸업하였다. 수학교사 자격을 가진 노옥희는 울산의 현대공업고등학교가 교사의 사택을 제공한다는 조건으로 모집 공고한 것을 보고 지원, 졸업 직후인 1979년 3월, 공업 도시 울산 방어진 남목마을에 위치한 현대공업고등학교의 수학교사로 사회의 첫발을 디딘다.

﹥ 교육현장에서 역사와 사회에 눈뜨다

노옥희는 대학 시절 평범하게 공부하는 학생이었다. 박정희 유신독재 말기[2]였지만, 시대 상황에 관해 관심 갖거나 행동할 기회 없이 졸업하였고, 졸업 후에는 거창한 꿈이나 기대가 있기보다는 단지 부모에게 더는 의존하지 않고 자기 삶을 살아가야 한다는 단순한 생각으로 교사가 되고자 하였다고 한다.

그렇게 교사 생활을 하던 중 고향 친구의 부탁으로 울산YMCA(기독교청년회)에서 여름방학 캠프의 자원봉사 교사를 한 것이 계기가 되어 YMCA와 가까워졌고, 1982년에는 YMCA에서 '글우리독서회'라는 독서 모임을 시작하였는데, 노옥희는 이 모임에 가입하여 활동을 시작한다.

---

2. 부산대 대학생들의 시위로 시작된 부마민주항쟁은 졸업 후인 1979년 10월에 일어났다.

1980년대 초부터 전국의 YMCA 내에 교사 모임이 만들어져서 뒤에 크게 일어나는 교육민주화운동의 시초가 되었는데, 당시 노옥희는 울산을 대표해서 전국 모임, 이른바 교사 운동에 참여하게 된다.

이 시기에 노옥희의 인생에 큰 영향을 미치는 제자의 산업 재해 사건이 있었다. 그 제자는 현대공고 졸업 후 사상공단에 취업하였는데, 사출기에 손이 눌려 손목을 자르게 되는 대형 산재를 당하였다. 당시 노동조합조차 없고 노동환경이 어려운 상태라 노옥희는 산재를 해결하기 위해 뛰어다녔지만 도움이 안 되어 크게 절망하고 안타까워한 일이 있었다.

이 사건은 노옥희의 일생에 큰 영향을 미친 일이었으리라. 그 후 노옥희는 일생을 노동자들의 인권과 복지, 그리고 주인 됨을 위해 자신의 열정과 활동을 쏟아붓는 일에 매진하게 된다.

〉 교육 민주화 선언 참여로 해직당하다

1986년 5월 10일은 'YMCA 중등교육자협의회'가 주최한 교사의 날 기념 '교육 민주화 선언'이 있던 날이다. 자발적으로 성장하던 교사 운동은 이날부터 본격적으로 전두환 정권의 거센 탄압을 받기 시작한다. 교육 민주화

선언은 교육의 정치적 중립성 보장, 강요된 보충수업 및 심야 학습 철폐 등 지극히 상식적인 내용을 담고 있었다. 그러나, 이 선언은 교사들 최초의 집단행동이어서 교사 운동에 대한 탄압의 계기가 되었다.

'교육 민주화 선언' 몇 달 후에 노옥희는 9월 6일에 부산 YMCA 강당에서 열린 영남 지역 YMCA 중등교협 주최의 교육민주화 실천결의대회에서 축시를 낭송하였는데, 이를 빌미로 학교에서는 노옥희 교사에 대한 징계에 착수하였다. 이에 대해 제자들이 들고일어났다. 선생님을 지키겠다며 시험 거부와 단체 결의를 하고, 등교 거부에 울산교육청으로 몰려가는 등 집단행동을 하였다가 몇몇 학생은 잘리거나 징계를 당했다고 한다. 이러한 일들을 보면 학생들과 노옥희와의 연대감이 얼마나 강했는지를 알 수 있다.

이러한 항의에도 불구하고 1986년 10월 24일, 노옥희는 교직 생활 7년 8개월 만에 해고되었다.

〉 해직 후 노동자 인권 지원 운동에 뛰어들다

1986년은 1987년에 일어난 전국적인 직선개헌쟁취 민주화 운동인 유월민주항쟁과 7, 8월 노동자 대투쟁이 일어나기 1년 전이었다. 당시 전국적으로 지역별로 나름대로 전두환 독재를 무너뜨리고 새로운 민주 사회를 건설하고자 하는 노력이 일어나고 있었다. 울산은 시민사회가 그런 필요성을 느끼던 중 지역의 종교계가 나섰다. 천주교와 개신교가 나서서 '울산사회선교 실천협의회'를 설립하여 산하에 노동문제 상담소를 설치하였다. 여기에 해직된 노옥희는 간사로 일하게 되었다. 당시 부산의 노무현·문재인 변호사 사무실에서 노동법률상담소를 운영하고 있던 하동삼 선생이 매주 토요일 특별 상담을 맡아 주었고, 노옥희는 노동자들을 위한 상담과 지원을 위해 일하는 전임 활동가로서의 길을 걷기 시작하였다. 노옥희는 공단 지역을 돌며 노동 상담 안내 전단지를 붙이고, 찾아오는 노동자들에게 산재부터 체불임금 문제까지 상담해주며 그들과 인연을 맺어갔다. 노동상담소는 울산 지역에서 유명한 상담소가 됐다. 노옥희는 이러한 활동을 통하여 지역의 신뢰받는 활동가, 사회운동가가 되었다.

1987년 1월부터 현대그룹의 주요 산업 현장이 있는 울산 현장이 뜨거워졌다. 노옥희는 재빨리 움직였다. 노동상담소의 소식지 『울산 노동 소식』을 제작하여 울산 전역에 배포했고, 이 소식이 전파된 현장의 노동자들은 용기 백배하였다.

1987년 당시의 정세는 급속히 변하고 있었다. 전두환 독재가 극한으로 치달아가면서 국민들의 저항도 대대적으로 일어나고 있었다. 1987년 연초에 박종철 학생 고문치사 사건이 세상에 알려지면서 전국적인 동시다발 집회가 만들어졌고, 울산에서도 대중 집회를 준비했는데, 당시 그런 일을 담당할 단체나 조직이 없는 상태라 울산사회선교 실천협의회가 중심이 될 수밖에 없었다. 전두환의 4·13 호헌조치로 정면 격돌 상황이 되고, 민주주의를 열망하는 시민조직들과 재야, 야당이 연대한 '민주헌법쟁취국민운동본부'가 출범하여 뒤에 6월 민주항쟁으로 폭발한 시민들의 가두집회와 시위 투쟁이 시작됐다. 울산사회 선교실천협의회가 이 시기에 각종의 시국 집회를 준비하면서 노옥희는 경찰의 눈을 피해 행사를 알리는 유인물을 인쇄하고, 동료들에게 전달하며 울산의 1987년 반독재 민주화 투쟁의 중심에서 뛰고 있었다. 긴박한 상황은 노옥희 개인의 신변에도 탄압으로 닥쳐왔다. 전국적인 6월 민주항쟁의 불길이 타오르고 있을 6월 26일에 노옥희는 "노동 생존권 압살하는 군부독재 몰아내자"라는 내용을 담은 유인물을 뿌리다가 경찰에 연행돼 3일간 구류를 살았다.

노태우의 6·29선언으로 전국 상황이 소강 되고 대통령직선제가 쟁취된 후 드디어 7, 8월 노동자 대투쟁이 일어났다. 1987년의 뜨거운 여름, 7월과 8월, 약 2달 동안 전국에서 일제히 각 사업장에서 노동자들이 노조를 건설하고 노동자의 억눌린 권리를 신장하는 급격한 변화가 일어났다. 특히 울산에서는 8월 17일과 18일 샌딩머신, 트럭, 지게차 같은 중장비로 무장한 노동자의 대군이 울산의 남목고개를 넘어 울산의 중심 시가지를 행군하였다. 이날의 울산은 대한민국 역사에서 사회 민주화, 노동자 권익의 실현이라는 거대한 한 장면을 만들어내어 기록하게 하였다. 노옥희는 그때 처음으로 역사를 관통하는 거대한 노동자의 힘을 보았다고 회고하였다.

이런 과정에서 노옥희는 1987년 8월 말, 울산 현장의 노조 및 노동자들의 활동에 개입하였다고 하여 '집시법(집회 및 시위에 관한 법률)'과 '노동쟁의 조정법'의 3자 개입금지 위반으로 구속됐다가 4달 만인 12월 31일 징역 1년 집행유예 2년으로 석방됐다.

석방 이후에도 노옥희는 더욱 바쁘게 일하였다. 지역의 노동운동가, 사회운동가로 맹활약하였다.

1980년대 중반, 노옥희가 교사로서 YMCA를 통하여 학교 안팎에서 활동할 시기에 현대중전기에 다니는 노동자 천창수를 만났다. 천창수는 김해 출신으로 서울대학교 사범대학 3학년 때(1978년 10월) 유신독재 반대 민주화 운동에 가담하였다가 대통령긴급조치 9호 위반으로 실형을 받아 제적되었다. 1979년 10월 유신체제가 무너지자 1980년에 학교에 복학하여 사범대학을 졸업했는데 구속된 전력이 있다는 이유로 교사 발령을 받지 못했다. 민중 속에 들어가야 함을 신조로 가졌던 천창수는 전기 기능사 자격증을 따서 1982년에 현대중전기에 위장 취업했다. 교육운동가로 유명한 학교 선배 유상덕 선생이 천창수에게 "울산에 가면 노옥희 선생을 만나보라"라고 한 것이 인연이 되어 만난 천창수는 노동운동의 현장에서 동료와 동지로 발전하여 평생의 반려가 된다.

훗날 노옥희는 말했다.

"결혼을 한다면 '이 사람과 하겠다'는 생각이 자연스럽게 들었다. 항상 상대방을 존중해 주는 그의 태도를 보면서, 운동을 하면서도 남아 있던 열등감을 극복하고 자신을 내 긍정하는 힘이 생기게 되었다."

— 『이제 다시 시작이다』 245~246쪽에서

이렇게 결혼을 준비하던 이 부부에게 예상치 못한 사건이 닥쳐왔다. 결혼식을 일주일 앞둔 1989년 1월 8일. 천창수는 현대중공업 노동조합원 18명과 함께 언양에 있는 산장에서 신년 수련회를 하고 있었는데, 새벽 3시 30분께 조직폭력배 수십 명이 들이닥쳐서 천창수와 노조원들을 각목과 야구방망이로 폭행한 것이다. 이 사건은 당시 전국의 방송을 타서 천창수는 병실에 누워 TV 방송국의 카메라 세례를 연신 받았다. 당시 천창수는 폭행을 당하여 허리를 심하게 다쳤다. 결혼식에는 모두가 걱정했지만, 테러 탄압을 이겨내는 의지를 보이고자 허리 보호대를 하고 당당히 결혼식을 하였다. 결혼식을 마치자마자 울산 시내 태화강 둔치에서 있었던 '1·8테러 규탄 전국노동자대회'에 참석하여 수많은 동지와 함께 살인적 테러의 노동탄압을 규탄하였으며, 이 자리에서 박수갈채와 환호성으로 결혼 축하를 받았다. 노옥희는 뒷날 아마도 전국에서 제일 많은 사람의 축하를 받게 된 셈이었다고 회고했다. (『이제 다시 시작이다』 249~250쪽에서)

이후에도 고난은 계속되었다. 천창수는 결혼 3개월 뒤인 4월 15일 3자 개입금지 및 국가보안법 위반 혐의로 구속됐다. 천창수가 석방되고 나서는 둘다 해고자 신분이었기 때문에 수입이 전혀 없어 두 부부가 신문 배달을 했다. 이때 노옥희는 어린이책 외판원도 했다. 천창수는 회사 정문 앞에서 『한겨레』를 팔기도 하고 소식지를 만들어 배포하는 등 복직 투쟁을 이어가며 어려운 시기를 사랑과 의지로 견뎌내었다.

﹨ 전국교직원노동조합 울산지부장으로 전태일 노동상을 수상하다

1986년 5월 10일, 교육민주화선언으로 터져 나온 교사들의 교육민주화운동은 마침내 1989년 5월 28일에 전교조의 결성으로 결실을 본다. 그러나 교사가 민족·민주·인간화 교육을 하겠다는 거대한 움직임은 독재정권에는 극약이 되었고, 그만큼 정권은 미친 듯한 탄압을 가해왔다. 1989년 7월 9일 '전교조 탄압 저지 및 합법성 쟁취 범국민대회'에서는 참가 교사 2천여 명 전원이 연행됐다. 그 과정에서 울산에는 교사들 20명이 해직됐다. 1986년에 해직된 노옥희는 전교조에서 정책 활동과 연대 사업을 담당했다. '교사가 왜 노동자인가', '왜 교원 노동조합인가'를 이야기하는 홍보물을 만들어, 교사는 물론이고 시민 협의회에 참가한 단체들에 알려 나갔다.

당시 전국에서 해직된 전교조 교사는 약 1천5백여 명, 이들은 당국의 기대와는 달리 갈수록 단단하게 뭉치고 투사가 되어갔다. 전국에 흩어진 해직 교사들은 지역에서 민주교육활동을 지역시민단체와 연대하면서 한편 복직 투쟁을 병행하였다. 노옥희는 해직 교사 복직 투쟁에서 둘째를 임신한 만삭의 몸으로 경찰서에 연행된 적이 있었는데, 경찰서 안에서 신발을 벗어 바닥과 철창을 치고 소리를 지르며 항의하기도 했다.

1993년이 되어 전교조와 교육부 간에 합의가 이루어지면서 해직된 교사들이 1994년 3월에 모두 학교로 돌아갔다. 노옥희는 현대공업고등학교로 복직되지 않았다. 노옥희는 당시까지 동고동락했던 선생님들이 떠난 사무실에 혼자 남아 외로움에 눈물을 삼켜야 했지만, 그 외로움 속에서 자신을 지키며 살아갈 힘을 기를 수 있었다고 했다.

1997년 울산이 광역시로 승격되면서 경남에서 분리되어 전교조도 경남지부 울산지회에서 울산지부로 분리 승격되었다. 전교조 울산지부장으로 활동 중이던 노옥희는 1997년 전태일기념사업회로부터 전태일 노동상을 수상한다. 1987년 2월 울산 지역에 최초로 '울산 노동문제 상담소'를 개설해 상담소 활동을 통해 노조 건설 지원 사업과 이후 지역 노동운동 발전에 기여한 바가 크다는 게 수상 이유였다.

노옥희는 말한다.

"전태일 노동상은 현대공고 교사로 있을 때 '내가 앞으로 어떤 일을 하든 이 아이들에게 힘이 되는 일을 하자'고 결심했던 것처럼 그 뒤로 내가 어떻게 살아야 할지를 잊지 않도록 하는 힘이 되어 주었다."

– 『이제 다시 시작이다』 77쪽에서

13년 만의 복직, 울산시 교육위원으로 선출되어 교육가족의 대변자가 되다

해직된 지 13년만인 1999년 9월, 노옥희는 공립학교인 명덕여중으로 복직되어 오랜만에 제자들과의 행복한 시간을 가졌다.

"복직되어 학교에 가니 전교조 동지들과 지역에서 보낸 축하 화분과 축전, 축하 팩스가 밀려왔다. 13년간의 해직 생활을 한꺼번에 보상받는 느낌이 들 만큼 감동적이었다."

김해여성인물사

이렇게 행복한 시간도 잠시, 3년이 지나 2002년이 되자 전국 시·도교육위원 선거가 있었다. 전교조에서 노옥희에게 울산시 교육위원 선거에 출마를 권유했고 노옥희는 출마하게 된다. 교육위원회는 교육청에 대한 의회이다. 시도별로 7명에서 15명 선의 교육위원을 간접선거로 선출하여 교육청의 정책과 예산 등을 심의하고 견제하고 교육가족의 의견을 반영하는 역할을 한다.

13년 만의 복직으로 교실에서 제자들을 만난 노옥희, 1999년 명덕여중에서 (사진 출처: 노옥희재단)

노옥희는 그동안의 교육위원회가 전교조가 진출하기 어려운 보수 일색으로 정년퇴임한 교장 등이 거의 다 당선되는 관례를 깨고 해당 선거구에서 1위로 당선되었다. 노옥희는 출마 당시를 떠올리며 이렇게 말했다.

"13년 만에 어렵게 복직한 학교를 스스로 그만두어야 한다고 생각하니 마음이 복잡하고 학교에서 한 사람의 좋은 교사로 있는 것도 중요하지만 교육위원이 되어 교육정책을 바꿔 나가는 것이 더 중요하다고 판단해 출마를 결심했다. 이런 어려운 결심을 할 수 있었던 것은 전교조 동지들이 있었기에 가능했다."

— 『이제 다시 시작이다』 115~116쪽에서

2002년부터 2006년까지 노옥희는 울산교육위원회 교육위원으로서 실제로 많은 문제를 해결하며 4년간의 빛나는 활동을 하였다.

이러한 교육위원의 임기가 끝나갈 2006년 2월에 민주노동당에서는 노옥희에게 울산시장 출마 요청을 한다. 당시 민주노동당에서는 노동자의 도시인 울산에서 파격적인 노동자 시장을 당선시키려는 기대로 노옥희와 같이 신망이 있는 후보자가 나가도록 요청하였을 것이다. 수십 년을 조직과 함께 활동하였던 노옥희로서는 조직의 결정을 두고 깊은 고민에 빠졌다. 그리고 고민 끝에 결심한다. 이 결심에 대해 후에 이렇게 말한다.

"이때의 결정에 대해 후회하느냐고 묻는다면 후회하지 않는다고 대답하겠지만, 그래도 또다시 그 같은 상황을 맞이하게 된다면 아마도 다른 결정을 할지도 모르겠다. 그만큼 내 인생에 엄청난 변화와 큰 시련을 가져다준 일이었고, 전교조 선생님들을 비롯해 내게 다른 역할을 기대했던 분들께는 지금도 미안한 마음이 남아 있기 때문이다."

— 『이제 다시 시작이다』 150쪽에서

노동자 시장 후보로 울산시장 선거에 도전, 정치운동가의 길을 걷다

2006년(제4회 전국동시지방선거) 울산시장 선거에서 노옥희의 도전은 대단하였다. 그때 사용된 선거공보는 그런 모습을 역력하게 보여주고 있는데, 표지 사진은 활짝 웃는 후보자 노옥희의 모습과 마지막 면에 "5.31 우리가 세상을 바꾼다! 희망의 네잎클로버를 가슴에…" 이렇게 큰 주제어를 넣고 민주노동당 후보답게 당당하고 통쾌한 제안을 하였다.

김해여성인물사

선거 결과는 낙선이었다. 의미 있는 표였지만 당선권에는 접근하지 못하였다.

이렇게 정치권에 들어선 노옥희는 2년 후인 2008년에 국회의원 선거에 나가게 된다. 출마의 환경도 어려웠다. 2008년 2월 3일 민주노동당이 내부 문제로 분당이 되는 상태가 되자 노옥희는 탈당을 선언하고 3월 16일 창당된 진보신당에 들어갔는데, 진보신당에서 노옥희의 국회의원 출마를 요구하자 책임감을 가지고 진보신당 후보로 울산 동구 국회의원 선거에 출마한다. 그러나 울산 동구에서 노옥희의 득표율은 32.32%, 역부족이었다.

2년 후, 진보신당에서 울산시당위원장직을 맡고 있던 노옥희는 2010년 (제5회 전국동시지방선거) 울산시장 선거에 시장 후보로 출마한다. 민주노동당과 진보신당이 갈라진 상태에서 노옥희는 진보신당 후보로 출마하여 3위로 9.48% 득표, 진보세력이 갈라진 뼈아픈 선거 결과였으며, 노옥희는 이 선거 결과에 책임을 지고 위원장직을 사퇴한다.

이렇게 노옥희는 2006년부터 2012년까지 2년마다 한 번씩의 선거를 치르면서 그것도 매번 낙선의 고배를 마시면서 당이 갈라지기도 하는 아픔을 겪었다. 여기에서 오는 정치적, 정신적 부담과 함께 선거 이후의 경제적 어려움을 겪어내었다. 2011년에 노옥희는 정치운동의 길에 들어선 자신의 경험에 대해 이렇게 말하고 있다.

"그 뒤 정치운동의 길에 들어섰는데, 그 이전의 삶의 무게를 다 합쳐도 모자랄만큼 무거운 짐을 짊어지고 산 것 같다. 그 무게감은, '정치가 내 인생이 될 수 있을까' 하는 고민 때문이기도 했지만 그보다는 '잘못된 정치로 인해 고통받으며 살아가는 사람들을 책임지는 정치가가 될 수 있을까' 하는 걱정과 두려움에서 비롯된 문제이기도 했다. 그래서 더 힘들었다. 열심히 선한 의지만으로 성취할 수 있는 게 아니라는 생각이 들 때의 고통이란 정말 어떤 말로도 표현할 수 없었다. 왜 이런 고통을 겪으면서 정치를 하려 하느냐고 나 자신에게 수없이 묻고 또 물었다."

-『이제 다시 시작이다』 8쪽에서

노옥희는 2012년 당내 경선 패배 이후 국회의원이나 시장선거에 직접 출마한 적은 없다. 그러면서 노옥희는 주민들 삶 속에 파고드는 활동을 했다. 그는 2009년 4월에 시작한 북카페 '삶을 나누는 공간 더불어숲'(작은 도서관)을 열고 활동한다. 이 시기에 노옥희의 가슴 속에는 '교육을 바로잡는 일이 가장 중요하다는 생각, 그리고 주민의 삶과 함께해야 한다'라는 생각이 자리 잡았을 것으로 보인다. '더불어숲'이라는 공간을 중심으로 주민, 노동자, 교사, 장애인 부모, 학생, 주부 등이 모여서 월례강좌, 청소년 인문 아카데미 등을 진행하였다. 그리고 노옥희는 2014년 2월 26일 울산부모교육협동조합을 결성하여 초대 이사장을 맡아 4년간 조합을 이끈다.

노옥희는 2012년 이후 꾸준히 지역 주민의 곁에 있으면서 주민이나 노동자, 학생들의 인권유린 또는 주민의 생존이 위협받거나 공정하지 못한 사회적 현상이 일어날 때 항상 약자와 정의의 편에서 노력하였다. 그리고 더 많은 사람들이 평등과 자유가 보장되는 복지 사회에서 살 수 있도록 하는 운동에 참여하였다. 친환경의무무상급식 풀뿌리울산연대 상임대표, 울산환경운동연합 운영위원, 탈핵울산시민공동행동 공동대표, 참교육학부모회울

김해여성인물사

산시 자문위원, 고교평준화 실현시민연대 공동의장, 울산장애인 교육연대 자문위원, 울산부모교육협동조합 이사장 등이 그의 직책이다.

＼ 교육을 바로잡는 일이 가장 중요하다. 교육감의 길

"사람마다 꽃피우는 때가 다르다"

이 표어는 2018년 6월에 치러진 울산광역시교육감 후보에 출마한 노옥희의 선거 홍보물 표지의 글이다. 사람마다 다양성이 있으니 기회를 균등하게 주어야 한다는 뜻이다. 그런데, 당선 후의 해석이지만 일할 수 있는 능력과 의지를 갖고 있으면서도 여러 차례 낙선하여 기회를 얻지 못하고 있다가 제대로 꽃필 자리를 만나서 울산교육감이 된 노옥희 본인을 두고 말하는 것으로도 해석된다.

2018년 당시 울산교육청은 보수교육감이 자리를 이어가면서 부패와 비리 사건이 연이어 터지고 있었다. 이때 나타난 노옥희는 부패를 뿌리 뽑을 청렴교육감, 아이들과 학부모들에게 자상하게 미래를 제시하고 참된 교육을 이끌어갈 여성교육감, 단 한 명의 아이도 포기하지 않는 책임교육감으로 대다수 시민의 지지를 이끌어 낼 최적의 교육감 후보로 인정받았다.

2018년 6월, 울산교육감 선거에 7명의 후보가 난립한 가운데 결과는 다른 6명의 후보가 10%와 그 이하의 퍼센트가 나온 상황에서 노옥희는 35.55%인 211,590표를 얻어 여유 있게 당선되었다.

＼ 단 한 명의 아이도 포기하지 않던 교육자 노옥희, 영원히 우리 곁에

2022년 울산교육감 선거에서의 노옥희 후보의 공보내용

2018년에 울산교육감에 당선된 노옥희는 역대 누구도 하지 못했던 울산교육의 변화와 혁신을 이루어내었다. 사람마다 꽃피우는 때가 달랐다. 노옥희가 크게 꽃피우는 때는 2018년부터였다. 노옥희는 지난 40여 년간의 오랜 교육운동, 사회활동과 정치활동으로 주민의 지지를 인정받아 54개 울산시민사회단체가 합의하여 후보로 선출할 정도의 폭넓은 사회적 합의와 인정을 받았다.

이러한 지지를 기반으로 당선된 노옥희는 과거 울산교육의 수장인 교육감이 줄줄이 부패비리로 구속되고 낙마하여 부패의 대명사가 되었던 울산교육청을 4년 만에 전국교육청 중 유일한 부패방지 시책평가 3년 연속 최우수교육청으로 만들었으며, 전국 264개 공공기관 가운데 유일하게 '부패방지' 부문 유공기관으로 선정되어 대통령 표창을 받았다.

또한 공약으로 약속한 고교 전면 무상급식, 공사립유치원 무상급식, 초중고 수학여행비 지원 등의 교육복지를 이루었고, 학생교육문화회관을 개관하고 마을교육공동체 거점센터, 기후위기대응 교육센터 건립, 야간자율학습 금지, 혁신학교 확대, 학부모들에게 교육재난지원금을 3회 지급하는 등의 성과를 이루었다. 그야말로 대다수 울산시민이 믿고 칭찬하는 교육감, 보수세력도 인정하는 교육감이 되었다. 전국의 언론이 집중하고 타 지역의 교육계가 부러워했던 혁명에 가까운 변화를 4년 만에 달성하였다.

2022년도가 되어 시행된 교육감선거(제8회 전국동시지방선거)에서는 윤석열 대통령 당선 직후라 보수세력이 득세하여 많은 득표를 하는 분위기에서 보수후보와 1대1의 맞대결을 하여 55.03%, 266,647표를 얻어 거뜬하게 당선되었다. 노옥희 자신이 울산에서 선거를 치른 역사 중 가장 많은 수의 유권자에게 표를 얻은 결과였다. 본인이 오랫동안 추구해오던 '단 한 명의 아이도 포기하지 않는 교육'을 연이어 실천하는 기세를 잡은 것이다.

그러나 당선 후 6개월간의 기간 동안 노옥희는 선거 이후 변화된 울산의 정치, 행정의 지형에 힘들었을 것이다. 4년 전과는 달리 울산시장, 울산시의회가 전부 보수적인 당과 인사로 채워져서, 울산교육청의 교육을 도와주지 않을뿐더러 비난하고 방해하여 예산을 깎으려 드는 것이다. 그런 업무상의 스트레스가 노옥희 교육감을 괴롭혔을 것으로 짐작된다. 그렇게 악조건에서도 자신의 이상을 실현하기 위해 노력하던 중인 2022년 12월 8일, 노옥희 교육감은 업무 중 과로로 쓰러져서 사랑하는 교육가족들과 동지들, 본인의 남편, 아이들을 두고 영원한 나라로 가고 말았다.

〉 못다한 교육혁명을 동지이자 남편이 이어가다

2019년 '울산커플마라톤대회'에 참가하여 완주했을 때의 노옥희·천창수 부부의 모습
(사진 출처: 경상일보)

2022년 12월 8일의 노옥희 교육감의 급서는 울산의 교육 가족들에게 너무나도 큰 슬픔을 가져왔다. 울산교육이 꽃피는, 교육감 개인에게도 꽃피우는 시기의 정점에 있던 시기에 닥친 불행은 울산뿐 아니라 전국의 많은 사람들의 슬픔과 안타까움을 자아내었고, 장례식과 49재에, 추모식에 사람들이 구름 떼와 같이 몰려들었다. 그리고 사람들의 걱정은 곧바로 이어 닥칠 보궐선거(2023년 4월 5일)였다.

이 보궐선거에서 노옥희 교육감의 교육정책을 이어갈 사람이 당선되지 않으면 이제 꽃피우고 있는 울산교육이 좌절하거나 무산된다는 걱정을 하였다. 그래서 가까운 분들로부터 남편 천창수의 보궐선거 출마를 이야기하기 시작하였다. 평생의 동지이자 교사이자 노동운동가 천창수는 충분한 자격을 갖고 있었다. 울산 교육가족의 마음이 모이기 시작하였고, 결국 천창수 후보로 보궐선거를 치르는 데 합의가 되었다. 선거공보의 표지에는 노옥희·천창수 두 사람이 함께 손잡고 걸어가는 사진을 넣고, "노옥희 울산교육 중단없이 한발 더"라는 구호를 맨 앞에 배치하였다. 눈물을 딛고 일어선 많은 학부모, 시민, 교사들의 노력이 이어졌다. 4월 5일의 선거 결과에서는 천창수 후보가 153,140표(61.94%)를 얻어 2위 후보를 넉넉하게 따돌리고 승리하였다.

천창수는 노옥희와 함께 당선되었다. 천창수는 선거운동 과정에서 많은 사람들의 신뢰를 얻어 노옥희의 교육정책을 이어받아 발전시키는 역할을 할 것으로 인정받은 것이었다. 이렇게 천창수와 노옥희는 대한민국 역사상 최초의 부부 교육감이 된 진기한 기록을 세웠다.

﹀ 영원한 교육의 희망, 함께 꾸는 꿈 노옥희 재단

현재 노옥희 재단이 위치한 울산광역시 울주군 범서읍 굴화리 2832번지, 2층의 입구에 있는 재단 간판이다. 앞부분에는 노옥희 교육감이 2022년 아프가니스탄에서 전쟁을 피해 울산으로 온 아이의 손을 잡고 등교하는 유명한 사진을 조각으로 넣어 상징화하였다.

노옥희 재단의 홈페이지 상단. 친근한 사진이 옆에 있어 노옥희 선생의 말을 직접 듣는 듯하다.

하단의 "노옥희 재단은 노옥희 선생의 교육철학과 업적을 계승 발전시키기 위한 추모 및 계승 사업, 연구학술사업, 정책연구사업, 민주시민 양성교육 및 지원사업 등을 진행하고 있습니다. 재단의 활동은 매월 소식지를 통해 시민들에게 알리고 있습니다"라고 소식을 전하고 있다.

거목이 서 있는 그늘에는 수많은 사람이 찾아온다. 노옥희라는 한 사람이 살다 간 자리에는 그 정신을 본받고 닮아가고 실천하려는 사람, 또 그 삶의 궤적을 바라보기만 해도 위로가 되고 치유가 되어 따뜻한 마음으로 주위에 서 있는 사람들이 모인다. 울산의 노옥희 재단은 민주시민을 양성하고 민주 교육을 키워가는 요람이자 시민과 함께 싱싱하게 커가는 나무가 되고 숲이 되고 산맥이 될 것이다.

16

1873-1952

배정자

: 친일 매국노, 역사를 더럽히다

이광희

1890년대 10대 시절의 배정자

우리 민족의 역사 중 가장 혹독한 시기를 꼽자면 단연 일본에 의해 국권을 잃고 식민지로 전락한 대일항전기 36년을 꼽을 것이다. 그러나, 이러한 수난의 시기에 만든 일본 제국주의에 협력하고 앞잡이가 되어 동족을 괴롭히고 나라를 팔아먹어 이득을 본 자가 있다. 그 친일 매국노의 대표 중의 한 자가 김해 출신이었다는 데에 치욕을 느끼는 지역 주민의 정서가 있다.

그래서 듣고 싶지 않은데도 '그는 김해에서 태어났다'는 표현이 서두에 나오는 경우가 많다. 김해 사람의 자존심을 상하게 하는 가장 심각한 매국노 첫 번째 인물이 바로 배정자이다. 요화(妖花), 밀정(密偵)으로 불린 배정자, 다시는 우리 역사에 이런 자가 나와서는 안 된다는 교훈으로 이 자의 일생을 살펴보기로 한다.

〉 권력다툼에 희생된 불행했던 어린 시절

배정자는 1870년 김해 고을의 아전 노릇을 했던 배지홍의 딸로 태어났다. 초명(初名)은 '분남(粉男)'이었다고 한다. 김해 고을의 아전이었으므로 집이 김해읍성과 사대문의 안쪽에 있었고, 그 위치가 지금의 김해시 동상동

김해여성인물사

980-6번지(동상플라자빌딩) 정도의 위치에서 살았다고 전해지지만, 분명한 기록은 없다.

흥선대원군의 총애를 받던 배지홍은 민씨 일가의 폭정에 반대하다 1873년 대원군의 섭정이 끝난 후 체포되어 배정자가 영아인 시기에 대구 감영에서 처형되었다. 어머니는 그 충격으로 맹인이 되고, 부친의 사형이라는 극한의 사건은 이후 삼족사멸(三族死滅)을 면하여 천민(노비)으로 격하된 후 어머니와 각지를 유랑하는 불행으로 이어진다.

배정자는 어린 나이에 밀양에서 기생으로 팔려갔다가 탈출, 양산 통도사로 은신하였다. 통도사에서 '우담화'라는 법명으로 1882년부터 3년을 지내다가 관가로부터 정체가 밝혀지게 되면서 더는 절에 있지를 못하고 부산으로 피신했는데, 이때 별세한 아버지와 친분이 있던 정병하라는 인물을 만나 그의 도움으로 1885년 일본으로 가게 된다.

일본에서는 갑신정변 관계자인 안경수를 만나서 교육받게 되고 김옥균을 만나 1887년 당시 권력자인 당시 내각총리 이토 히로부미에게 소개되었다. 이토 히로부미는 배정자를 양녀로 삼아서 첩보활동에 필요한 승마, 수영, 사격, 탐정, 변장, 교제술, 사상 등을 가르쳐 조선 침략의 도구가 될 첩자로 키운다. 당시 일본에서 배정자는 한국에서 알고 지냈던 전재식을 만나서 결혼하고 아들(전유화)을 낳았지만 전재식이 게이오 의숙 재학 중에 병사, 요절하고 만다.

﹥ 일본 밀정으로서 경복궁에 입궐, 암약하다

중년기의 배정자 (1)

1894년 다야마 사다코라는 이름으로 개명한 배정자는 공식적으로는 신임 공사 하야시(林權助)의 일본 통역관으로 조선에 귀국, 경복궁에 입궁하여 고종에게 접근한다. 이런 일이 가능했던 것은 이토 히로부미라는 권력자의 배경과 작용이 있었기 때문이다.

조선왕 고종을 친견하는 자리에서 첩자인 줄을 모르는 왕으로부터 많은 정보를 빼내어 밀정 활동을 했던 배정자는 한때 부산 절영도에 유배되기도 하였지만 1905년 을사늑약이 체결되고 이토 히로부미가 조선 통감으로 부임하자 다시 서울로 올라와서 정관계에 복귀했다. 이때 배정자는 조선 통감 이토 히로부미를 등에 업고 위세를 떨쳤으며 그녀의 오빠는 한성판윤(현 서울시장), 동생은 경무감독관(현 경찰청장)이 되었다.

특히 러일전쟁 전 러시아가 일본과 함께 조선을 지배하고자 각축하던 시기에 고종을 블라디보스토크로 데려가서 러시아의 영향력을 강화하려는 계획을 세운 것을 배정자가 미리 기밀을 빼내 일본이 항의하여 러시아의 기도를 좌절시켰다. 이 시기인 1895년에 배정자는 일본공사관의 조선어교사였던 현영운과 1년간의 결혼생활(딸 현송자가 있다), 일본 육사 출신 박영철과 5년간의 결혼생활을 하였다.

1909년 10월 안중근 의사가 이토 히로부미를 사살하고 난 이후 배정자는 후견자를 잃은 슬픔에 식음을 전폐하고 통곡했다. 그 후 1910년부터 일제의 외무성 공무원으로 근무했고 1918년 만주 하얼빈 주재 일본총영사관에서 파견근무를 하였다. 1920년에는 50세의 나이로 경무국 촉탁으로 임명되어 만주, 시베리아 등에서 일본을 위해서 일했고, 만주와 중국을 오가며 조선 애국자 및 독립운동가를 색출, 검거하는 데에 앞장섰다가 57세인 1927년에 은퇴하였다.

은퇴 시 조선총독부로부터 500평의 토지를 포상받고 은퇴 후에도 금전을 받았다고 하니 얼마나 일본 제국주의의 수탈에 충성했는지 짐작이 간다. 그리하여 중국과 만주에서 활동하던 독립군과 독립운동가들의 사살 표적이 되어 실제로 당대 친일파 및 일본인의 두려움의 대상이었던 대한통의부 비밀암살단 박희광(朴喜光)의 위협으로 은퇴한 것으로 전해진다.

배정자는 태평양전쟁이 일어나자 끔찍하게도 70살의 나이에 위안부를 징집하는 일에 나서서 수많은 조선의 어린 여성들을 성노예로 갖다 바치고 업자로부터 금품과 뇌물을 받았다.

중년기의 배정자 (2)

일제가 패망하고 서울에서 잠적하였던 배정자는 1949년 반민족행위자특별조사위원회가 설치되어 친일행위죄로 체포, 구속수사를 받았다. 친일반민족행위자로서 반민특위의 맨 첫 번째 수사 대상이 되었듯이 배정자의 친일매국행위에 대한 사람들의 분노는 치솟았다.

친일반민족행위에 대한 재판에서 배정자는 판사가 끝으로 할 말이 있느냐의 물음에 배정자는 "이제 와서 전비를 어떻게 변명하겠습니까? 저는 오늘 죽어도 여한이 없습니다"라고 대답했다. 이렇게 한 치의 반성의 기미가 없던 배정자는 이승만의 반민특위 와해 공작의 결과로 반민특위가 해체되자 석방되었다. 이후 배정자는 1952년 전쟁 와중에 서울에서 82세로 병사했다.

배정자는 2002년 민족정기를 세우는 모임을 통해 발표된 친일파 708인 명단, 2009년 민족문제연구소에서 발간한 친일인명사전, 대한민국 정부 발표 친일반민족행위자 명단에서도 민족 반역자[1]로 수록되었다.

배정자의 친일 활동은 2004년에 제정·시행된 「일제강점하 반민족행위 진상규명에 관한 특별법」 제2조 제4·5·19호에 해당하는 친일반민족행위로 규정되어 『친일반민족행위진상규명 보고서』 IV-7 「친일반민족행위자 결정이유서」(pp.737~756)에 관련 행적이 상세하게 기록되었다.

여기에서 결정이유서의 내용을 들여다보자. 내용은 19쪽 분량의 문서인데, 도표로 만든 경력표와 친일반민족행위 개요로 구성되어 있다. 경력표에 나온 배정자의 주요 경력은 이렇다.

생년월일 1870년 2월 23일. 사망일 1952년 2월 27일.

1873년부터 1879년까지 경상도 일대에서 순회유수(巡廻流囚) 생활.

1879년에 기생이 됨.

1883년부터 양산군 통도사에서 출가.

1885년 일본인 밀정의 도움을 받아 일본행.

1886년 12월 일본 오사카 천황사 소학교에 편입과 교육.

1887년 9월부터 이토 히로부미의 수하로 밀정 교육을 받음.

1893년 귀국, 1894년 군사탐정으로 청일전쟁에 참가.

---

1. 참고 문헌 및 출처 참고.

1905년 2월과 1905년 10월 사이에 부산절영도로 유배.

1918년 10월에서 1919년 10월 29일에 하얼빈 소재 일본총영사관 밀정으로 활동.

1921년에는 봉천 주재 일본총영사관 밀정으로 남만주 일대 조선을 정탐.

1921년 3월 8일 만주보민회 총본부 고문.

1921년 4월 5일 일본 총리대신과 외무대신에게 시베리아 및 만주 방면의 독립운동가 정탐 보고.

1922년 9월부터 1924년에는 조선총독부 경무국 촉탁으로 재직 시 중국 각지에서 조선인 독립운동가 정탐.

1924년 4월 28일 만주보민회 해산, 배당금 225원 수령.

1937년 이후 중일전쟁의 군사정탐으로 활동. 1938년 10월에는 동양극장 대표사원을 역임.

1941년 이후 조선 여성을 동원하여 일본군 위안부를 조직, 남양군도에서 위안부 활동을 벌임.

이 내용들을 보고 그 구체성과 객관성을 인정하여 많은 연구자가 인용하였을 것으로 본다.

다음으로 친일반민족행위의 개요에서는 이렇게 친일 내용이 규정되어 있다.

첫째로, 일본총영사관 밀정으로 활동하면서 독립운동가에 대한 정탐, 정보수집 및 회유공작을 펼쳤으며, 조선총독부 및 각 일본총영사관으로부터 기밀비 등을 받음. 만주, 시베리아 및 동경에서 활동 중이던 독립운동가를 정탐하여 그 내용을 일본 총리대신 및 외무대신, 조선총독 및 조선총독부 보안과장에게 보고함. 조선총독부 경무국 촉탁으로 중국 일대에서 독립단체 및 운동가에 대한 정탐 행위를 벌임.

둘째로, 만주보민회 총본부 고문으로서 일제가 독립운동단체 및 그 세력을 탄압할 목적으로 설립한 만주보민회를 창설하는 데 주도적인 역할을 하였으며, 일제의 자금을 지원받아 독립운동가 활동 탄압에 주도적인 역할을 함.

셋째로 만주보민회 총본부 고문으로 보민회 창립 및 독립운동세력 탄압에 대한 공로를 인정받아 1924년 본회 해산 때 일본 정부로부터 225원의 배당금을 받음.

친일반민족행위자 결정이유서에는 위의 친일 행위에 대한 조사 과정이 자세히 문헌적 근거를 통해 나와 있다. 주로 일본, 만주국, 국내의 문헌을 수집하여 행위의 근거를 찾은 것이다. 그 중 필요하다고 보이는 사항들을 소개한다.

① 일본 외무성 외교사료관에 소장된 기밀 23호, 95호 등의 이름인 문건에서 배정자가 밀정 역할을 잘하고 있으므로 그녀에게 일정액의 보조금, 예를 들면 월 수당 600엔을 지급하여야 한다는 일본의 의견을 수록해 놓았다.

② 배일 유력자[2] 김일원이라는 사람을 설득하여 배일 감정을 지니지 못하도록 하였다는 소식과 함께 조선총독부에서 배정자에게 금 천 엔, 당관 기밀비 중에서 금 오백 엔을 주었다는 일본 외무성 외교사료관 사료를 증거로 들었다. 이렇게 배정자는 하얼빈 소재 일본총영사관, 봉천 소재 일본총영사관의 충실한 밀정으로 금품도 받아 가며 활동하였던 것이었다.

③ 조선일보 1929년 3월 23일 2면 보도를 들어 배정자가 총독부 경무국 촉탁으로 만주, 시베리아, 일대, 지방과 동경에까지 조선인의 사정을 염탐하여 총독부에 보고한 일이 있음을 말하고 있다.

④『민족정기의 심판』, 혁신출판사, 1949년, 158~160쪽을 인용하며 배정자가 경무국 촉탁으로 일하며 약 600평의 토지를 하사받았음을 밝히고 있다.

⑤ 배정자가 만주 지방의 조선인을 회유하고자 만든 만주보민회라는 조직에 가입하여 활동하고 자금 이백만 원을 얻어서 고문으로 활동한 사실을 적시하고 있다. 이렇게 보민회 활동을 하는 배정자의 인기가 높아 거류민들 사이에서 동삼성(東三省) 여왕이라는 별칭도 생겼던 사실을 들고 있다. 이렇게 만주보민회에서 활동한 배정자에게 공로자 대우

---

2. 일본이 볼 때 조선 독립을 주장하고 일본 예속을 반대하는 사람.

를 하여 225원을 교부하기 바란다는 지시의 존재를 1924년 4월 28일
에 일본 외무성 외교사료관 소장 서류를 들어 설명하였다.

⑥『민족정기의 심판』에 있는 다음과 같은 내용은 배정자가 조정 깊숙이
밀정의 행위를 하였고, 이에 대해 독립운동가들이 암살 계획을 세우기
도 하였다는 사실을 적시하였다.

"로국과 일본과의 풍운은 점차 험악하여 가고 민영휘, 이용익 등 친로파 거두들
의 암약은 날로 심하여졌다. 친러파에서는 로국의 대군을 받아들여서 일본과 개
전시키고, 이것을 계기로 임금을 블라디보스토크에 천거시키자는 계획이 진행되
고 있었는데, 이 밀모는 즉시 일본군 밀정 배정자의 탐지하는 바가 되었다. 이 급보
는 당시의 일본공사 하야시(林權助)의 손으로 전파를 타서 일본에 알려지게 되고,
이연 시국은 러일의 일전으로 기운이 농후하여졌다."

"그리고 배정자는 이등박문에게서 중요 비밀문서를 받아가지고 귀국하여 임금에게
바쳤던 것이다. 이때 이봉래, 강석호 씨 등은 암암리에 이 매국녀(배정자)의 암살계획
을 준비하였으나 일본군의 보호를 받고 있었던 관계로 목적을 달성치 못하였다."

"태평양전쟁이 시작되자 일제의 주구 배정자는 전선에서 조국 일본 장병들이 고
생하고 있는 것이 가슴 아프다 하여 일본 군부의 후원으로 칠십 노구를 이끌고 순
결한 조선 여성 1백여 명을 군인 위문대라는 명목하에 강제동원시켜, 남양군도로
유인하여 가서 성욕에 굶주린 왜병의 노리갯감으로 제공하여 일본의 최후 승리를
위하여 열렬히 협력하였다."

친일반민족행위자 결정이유서의 결론은 다음과 같다. 이 결론에서는 한일합방 이전 배정자의 행적에 대해서는 언급하지 않고 있다. 그것은 굳이 합병 이전의 행적을 거론치 않더라도 합병 이후 공식적인 밀정 역할을 한 것만으로도 반민족 행위로서의 근거가 충분하다고 보고, 「일제강점하 반민족행위 진상규명에 관한 특별법」의 위반 사실에 집중하였다는 짐작이 간다.

1. 배정자는 1918년 10월경 하얼빈 주재 일본총영사관의 밀정으로 활동하면서 북만주에서 거주하던 조선인과 조선인 독립운동가에 대한 정탐 행위를 펼쳤다. 그리고 하얼빈 지역 독립운동가 단체에 대한 와해공작을 펼쳐 독립운동가 김일원을 전향시켰다. 배정자는 상해임시정부에서 발행 중이던 독립신보 등 각종 배포물을 입수하여 일본총영사관에 보고하였을 뿐만 아니라 조선총독부로부터 천 엔, 일본총영사관을 통해 육백 엔 등의 기밀비 및 생활비를 받았다. 또한 배정자는 1921년경 봉천 주재 일본총영사관의 밀정으로 남만주에서 거주하던 조선인과 조선인 독립운동가를 정탐하였다. 배정자는 이를 위해 봉천헌병조장 우치다, 동양척식주식회사 관리 사토, 외무성 경부 바바, 봉천영사관 통역관 소지 코이케 등과 함께 서간도 9개군, 길림성 일대를 정찰하였다. 배정자는 시베리아 및 만주지역의 독립운동가 활동을 정탐하여 일본 총리대신 및 외무대신에게 보고하였을 뿐만 아니라 동경지역의 조선인 정황을 조선총독 야마나시 및 조선총독부 보안과장에게 보고하였다. 배정자의 촉탁으로 임명되어 중국, 만주, 몽고 일대를 순회하면서 정탐 행위를 펼쳤다. 배정자의 이와 같은 행위는 「일제강점하 반민족행위 진상

규명에 관한 특별법」제2조 제5호 '밀정행위로 독립운동이나 항일운동
을 저해한 행위'에 해당한다.

2. 배정자는 만주에서 일본영사관의 경찰력이 미치지 못하는 남만 지역에
   설립되어 1920년부터 1924년까지 일본영사관의 지휘와 감독을 받으며
   조선인의 제국 신민화 선전 활동과 독립운동 탄압 무장활동을 전개한
   만주보민회의 고문직을 수행하였다. 배정자는 만주보민회를 창설하기
   위해 일본 외무성과 교섭하여 자금 이백만 원을 얻어내어 보민화 창설
   에 주도적인 역할을 하였다. 또한 배정자는 만주보민회 고문으로서 일
   제의 독립운동 탄압정책에 협력한 공로를 인정받아 보민회조직 해산 시
   225원의 배당금을 받았다. 배정자의 이러한 행위는 「일제강점하 반민
   족행위 진상규명에 관한 특별법」제2조 제4호 '독립운동을 방해할 목적
   으로 조직된 단체의 장 또는 간부로서 그 자체의 의사결정을 중심적으
   로 주도하거나 그 활동을 주도한 행위'에 해당한다.

3. 배정자는 조선인에 대한 선전 활동과 독립운동 세력 약화를 위하여 일
   제가 적극 활용한 만주보민회 총본부 고문으로서 보민회 창립에 주도
   적인 역할을 한 점과 독립운동세력을 탄압한 공로를 인정받아 만주보
   민회가 해산될 때 일본 정부로부터 225원의 배당금을 받았다. 배정자
   의 이러한 행위는 「일제강점하 반민족행위 진상규명에 관한 특별법」제
   2조 제4호, 제5호, 제19호에서 정하는 친일반민족행위로 결정한다.

192x~1950 추정

김영명

: 역사의 흉터로 남은 이름과 현대사의 비극

류은주

김영명은 일제 강점기 경남 지역의 민족주의 선각자 김성윤의 딸이자, 6·25 전쟁 발발 초기 보도연맹 학살 사건의 희생양이 된 비극적인 인물이다. 마산여고를 졸업하고 진영여자중학교 교사로 재직하며 후진 양성에 힘썼던 그녀의 짧은 삶은, 이념의 광풍과 국가 폭력 속에 무너진 민족의 자화상이자 현대사 비극의 축소판 그 자체이다.

한국전쟁 전후, 군과 경찰이 양민을 학살한 '보도연맹 학살 사건'을 다룬 영화 〈레드 툼〉의 한 장면

﹀ 명망 높은 집안의 후예, 교육에 헌신하다

김영명은 일제 강점기 독립운동가들에게 자금을 대고 17회에 걸쳐 지역 학교 설립을 지원했던 경남의 민족주의 선각자 김성윤의 딸로 태어났다. 부친의 헌신적인 교육열과 지역 사랑은 김영명과 그녀의 오빠 김영봉에게도 고스란히 이어졌다. 오빠 김영봉이 일본 명치대학을 졸업하고 고향 진영에서 후진 양성에 힘썼듯, 김영명 역시 교육자로서의 길을 걸었다.

마산여자고등학교를 졸업한 김영명은 1946년 진영 지역의 교육자이자 독립운동가인 강성갑 목사가 설립한 한얼중학교(현 진영여자중학교)의 교사로 부임했다. 당시 진영은 1920년대부터 청년회 운동이 활발했고, 해방 직후에는 노동조합과 농민조합이 결성될 정도로 진보적 움직임이 강했던 지역이었다. 김영명은 이러한 진영에서 여성 교육을 담당하며 민족주의적이고 진보적인 분위기를 가진 교육자였다.

〉 6·25 전쟁, 이념의 광풍에 희생되다

1950년 6월 25일 6·25 전쟁이 발발하면서, 한반도는 이념 갈등이 극단적인 폭력으로 분출하는 비극적인 시대를 맞았다. 밀양과 수산교를 사이에 둔 진영은 낙동강을 끼고 주요 곡창지대를 이루는 군사적 요충지였기에 군과 우익단체가 결집하는 격전지가 되었다. 곧바로 비상시국대책위원회가 조직되었고, 지역 사정에 밝은 우익 세력과 경찰은 숙청 작업을 주도하기 시작했다.

〉 보도연맹이라는 국가 폭력의 올가미

김영명의 오빠 김영봉이 연행된 배경에는 보도연맹(국민보도연맹)이라는 국가 주도 조직의 존재가 있었다.

보도연맹은 좌익 사상 전향자를 계몽·교화한다는 명목으로 1949년에 결성되었으나, 실제로는 좌익 전력이 없는 민간인까지 강제로 가입시키거나, 지역 경찰과 우익 인사들의 주도로 지역 유지들을 견제하는 데 악용되었다. 전쟁이 발발하자 정부는 보도연맹원들을 '예비 검속'[1] 대상자로 규정하고, 이들이 북한 인민군에 협조할 것을 우려하여 집단 학살을 자행했다. 진영에서는 비상시국대책위원회를 중심으로 요시찰인[2]에 대한 검속이 이루어졌고, 진영금융조합창고 등에 분산 수용된 사람들은 뇌물을 바친 소수를 제외하고 대다수가 생림면 나밭고개, 창원군 덕산고개 등지에서 사살되었다. 김영봉의 연행과 학살 위기는 바로 이 보도연맹 학살극의 일환이었다.

피살자를 몰아넣었던 진영창고. 1960년 당시 모습

---

1. 혐의자를 미리 잡아놓는 것.
2. 사상이나 보안 문제 따위와 관련하여 행정 당국이나 경찰이 감시하여야 할 사람.

＼ 잔인한 사적 보복과 비참한 최후

김영봉이 학살 현장에서 총격을 당하고 극적으로 탈출했다는 소식이 진영 지서에 알려지자, 지서주임 김병희는 도피한 김영봉을 잡기 위한 사적인 보복으로 동생 김영명을 끌고와 잔혹한 폭력을 감행했다.

진영 학살은 공비 토벌군에 의한 무차별 학살과 달리, 지역 유지들과 경찰이 주축이 된 비상시국대책위원회에 의해 자행되었다. 이들은 사감이나 개인의 비위에 거슬리는 사람들을 '반공'이라는 명분 아래 빨갱이로 몰아 숙청했으며, 심지어 김해경찰서 사설 군법회의까지 만들어 학살의 중추적인 역할을 했다. 김영명 교사의 비극 역시 오빠를 향한 사적인 보복과 지서장의 성적 욕구라는 사악한 동기에서 비롯되었다.

김영봉의 동생 김영명은 한얼중학교 교사로, 결혼한 지 6개월밖에 안 된 신혼이었고 미모나 인간성으로 주위의 칭찬을 한몸에 받았다. 지서주임 김병희는 김영봉의 임신한 여동생 김영명을 연행하여 7월 말부터 15일간 7~8회에 걸친 잔혹한 고문을 가했다. 그녀는 발가벗겨졌으며, 성고문에 저항하다 팔이 부러졌다. 겁탈에 실패한 김병희는 김영명을 죽이도록 명령했다.

김병희의 명령에 따라 의용 경찰들은 기절한 김영명을 철삿줄로 묶어 진영 뒷산으로 끌고 가서 욕보이고 죽였다.

나중에 자세히 이야기하겠지만, 이 일로 김병희는 사형선고를 받고 보도연맹 사건에서 유일하게 사형이 집행되는 벌을 받는다. 그렇다고 역사의 비극이, 유족의 아픔이 씻기는 것은 결코 아니다.

김영명은 범죄를 저지른 것도 아니다. 그저 개인의 사리사욕을 채우기 위한 희생이었다고 밖에 말할 수 없다. 있을 수 없는 일이 지서장과 의용 경찰들, 한 명도 아닌 여러 명에 의해 자행되었다. 악마 같은 짓이다.

– 부산일보 1960.5.23. 기사

그녀의 나이 27세,[3] 어린 교육자의 삶은 이념의 광기와 국가 폭력, 그리고 지방 권력자들의 사적 복수심이 결합한 비극 속에 처참하게 막을 내렸다.

〉 법의 심판에 선 비극: '진영 살인 사건'

김영명의 억울한 죽음과 함께 강성갑 목사 등 진영 양민 학살 사건은 곧바로 세상에 알려졌다. 전쟁 중 혼란한 시기였음에도 불구하고, 국제연합 한국통일부흥위원단(UNKRA)과 미국 선교단체의 문제 제기가 사건을 공론화시켰다.

---

3. 진실화해위 김해국민보도연맹 조사 보고서에는 나이를 밝히지 않았다. 다만 부산일보 1960년 5월 25일 자 기사에 근거한다는 각주를 달고 있다. 부산일보 해당 기사는 김기진 기자의 글이며, 김영명의 나이를 27세로 기록하고 있다. 25세로 기록하는 곳도 있다.

 김해여성인물사

1950년 10월 3일, 경남계엄사령부는 '진영 살인 사건'에 대한 군법회의를 개최했다. 이 재판에서는 김영명 교사와 강성갑 목사 사건이 병합 심리되었으며, 진영지서장 김병희를 비롯한 가해자 11명의 범죄 행위가 낱낱이 드러났다. 4일간 진행된 재판 끝에 김병희 지서장은 사형을 선고받았으며, 한국전쟁 중 민간인 학살 가해자 중 유일하게 사형이 집행된 사례로 기록되었다. 그런데도 정의 실현은 불완전했다. 시국대책위원장 이석흠, 진영읍장 김윤석, 부읍장 강백수, 청년방위대장 하계백은 징역 10년에 그쳤다. 더군다나 김영명을 직접 살해한 강치순은 무죄가 선고되었다. 강성갑과 김영명을 학살하는 데 주요 역할을 한 군인들, CIC(방첩대)와 G-2(공군항공사령부 김해기지부대)는 법의 심판대에 오르지도 않았다. 현직 지서장의 사형선고는 획기적이었지만, 권력의 비호와 부패 속에서 정의는 불완전한 상징으로 남았고, 가해자들은 학살당한 유가족들의 틈 속에서 활보하는 비통한 현실이 계속되었다.

당시 진영유족회장이었던 김영욱(79. 현 부산경남유족회 고문) 씨는 이에 대해 "영명 씨는 미모가 뛰어났을 뿐 아니라 인간 됨됨이로 주위의 칭찬이 자자했던 교사였다"면서 "지서장 김병희가 그녀의 미모를 탐내 오다가 오빠를 빌미로 잡아가 강제로 능욕하고 학살해버렸던 것"이라고 말했다.(경남도민일보, 2001. 5. 21. 「[국회증언으로 본 양민학살3], 김해 진영편」)

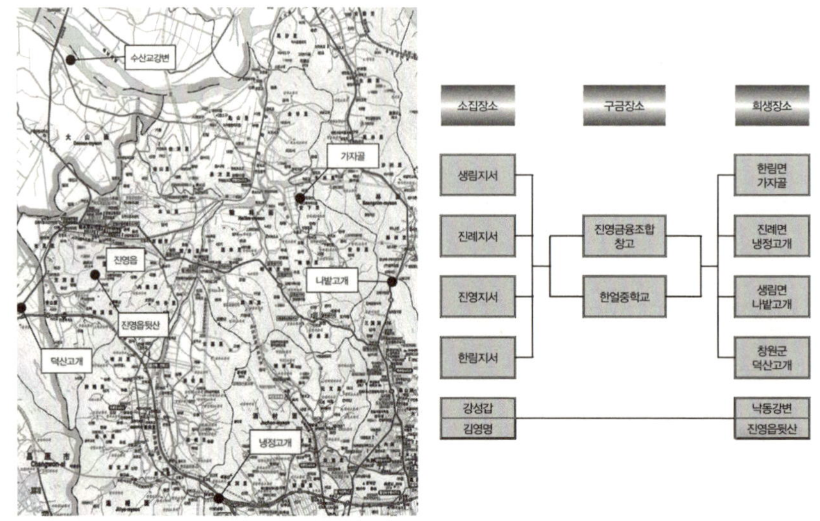

진영읍 지역 희생 현장   진영읍 구금자들의 희생 경로

＞ 진실 규명을 향한 읍장의 길과 5·16 쿠데타

김영명 대신 살아남은 오빠 김영봉은 휴전 후 진영으로 돌아와 망가진 몸을 치료하며 살았다. 이승만 정권하에서는 동생의 억울한 죽음을 하소연조차 할 수 없었다. 그러나 1960년 4·19 혁명으로 이승만 정권이 붕괴하고 민주화의 기운이 일자, 김영봉은 진영 주민들의 지지로 민선 진영읍장으로 선출되었다.

읍장이 된 그는 맨 먼저 6·25 전쟁 시기 진영에서 희생된 양민 335구의 시신을 발굴하는 사업을 벌였고, 주민들과 함께 합동 묘지를 마련했다. 이는 지역 주민들의 뜻을 모아 국가 폭력의 진실을 규명하려 한 민주적 시도였다.

그러나 다음 해 1961년 5·16 군사 쿠데타가 발생하면서, 다시 군부 독재 시대가 열렸다. 김영봉은 피학살자 합동묘지를 마련했다는 이유로 군사 정권에 의해 헌병대에 끌려가 구속되었고, 3년간 옥살이를 했다. 합동묘는 부관참시를 당하는 수모를 겪어야 했고, 진실 규명 노력은 좌절되었다.

〉 사상 검열과 비극의 대물림

수감 생활이 끝난 이후에도 국가 권력의 감시와 탄압은 김영봉 가족을 짓눌렀다.

전쟁 당시 미군 통역관이었던 형 김영화가 인민군에게 체포돼 북으로 끌려간 뒤 소식이 끊어진 일 때문에, 김영봉 가족은 걸핏하면 '사상검열'을 받는 족쇄에 묶였다. 이는 냉전과 반공 이데올로기가 개인의 일상과 삶을 얼마나 철저히 통제했는지 보여준다.

숱한 감시와 탄압을 받으며 살았던 김영봉 가족은 결국 고향을 등지고 뿔뿔이 흩어지는 풍비박산의 아픔을 겪어야 했다.

김영명의 비극적인 죽음과 오빠 김영봉의 끈질긴 투쟁, 그리고 가족에게 대물림된 고난은 국가 폭력이 한 세대를 넘어온 가족의 삶을 파괴한 현대사 비극의 축소판이다. 김영명은 김해 여성 교육의 선구자이자 명망 있는 민족주의 가문의 후손이었지만, 27세의 젊은 나이에 이념 갈등과 성폭력, 살해라는 최악의 폭력에 희생된 상징적인 인물로 기억되어야 한다. 그녀의 억울한 삶은 우리가 잊어서는 안 될 역사의 흉터이다.

김해 지역 민간인 학살 첫 위령제. 2009. 11. 18. 구산동 김해체육관

(사진 출처: 연합뉴스)

18

1929-2024

손명순

: 내조로 빛난 삶의 이야기

변정원

손명순 여사 (사진 출처: 포토뉴스)

대한민국 제14대 대통령 김영삼의 배우자였던 손명순 여사는 대중적인 주목을 받는 인물은 아니었다. 그는 정치적 발언을 삼가고, 공식 석상에서는 노출도 적었으며, 언론과의 인터뷰조차 거의 없었다. 그러나 그런 그의 행보야말로 오히려 '전통적 여성 역할'의 본질을 조명하고 재해석하게 만든다.

현대사회에서 여성의 역할은 과거보다 훨씬 더 다양하고 확장되었지만, 손명순 여사의 삶은 우리가 전통적인 여성상이라 일컬었던 '조용한 힘', '내조의 상징', '가족의 중심'이라는 개념이 단순히 과거의 유물로 치부될 수 없음을 보여준다.

﹥ 출생과 가정 배경

손명순 여사는 경상남도 김해군 진영읍 신용리에서 태어났다. 가정은 비교적 유복하였고, 부친 손상호 씨는 영남 지역에서 고무 공장을 운영하며 지역 사회에서 '마산재벌'이라는 별칭이 붙을 정도의 재력과 영향력을 지닌 인물이었다.

손 여사에게는 신자, 말득 두 명의 여동생이 있었으나 어린 시절에 사망했고, 생모 김근이 여사도 1935년에 세상을 떠났다. 이후 아버지는 김덕순 여사와 재혼하였고, 그 사이에 남동생 두 명, 여동생 여섯 명이 더 태어났다.

손명순 여사는 다복한 형제자매 가운데 장녀로서 집안의 책임감 있는 역할
을 짊어졌다.

〉 어린 시절과 학창 시절

유년 시절 손 여사는 초등교육은 진영공립보통학교(현재의 진영 대창초등
학교)에서 받았고, 이후 마산여자중학교와 마산여자고등학교를 거쳐 학업
을 이어갔다. 집안의 경제적 여건과 가족의 기대가 학업 지속에 긍정적 영
향을 주었고, 그녀는 학업 성취와 가정 역할 사이에서 균형을 유지하며 성
장하였다.

이화여자대학교 약학과에 진학하였으나, 재학 중이던 1951년 3학년 시절
중요한 전환점을 맞는다. 당시 이화여대에는 '재학생의 결혼 금지'라는 학칙
이 있었지만, 김영삼과 결혼했다. 재학생의 결혼을 금지하는 규정이 있음에
도 불구하고, 주변의 도움으로 첫 아이를 낳고 졸업 때까지 결혼 사실을 비
밀리에 부치고 학업을 마칠 수 있었다.

〉 결혼과 가정생활

1951년 결혼을 통해 손명순 여사는 대학생이자 정치인의 아내로 사는 삶
을 시작하였다. 두 사람 사이에는 2남 3녀의 자녀가 있었으며, 자녀들은 모

두 성장하여 각각 사회적 역할을 맡았다. 특히 장남 김현철 씨는 김영삼 대통령 기념재단 이사장을 지내기도 했다.

남편 김영삼의 정치 인생이 순탄치 않았던 시기에도 그녀는 묵묵히 내조하며 가정과 자녀의 교육을 책임졌다. 상도동 자택에서는 정제되지 않은 모습으로 지지자들을 맞이하고, 작은 식사를 마련하여 대접하는 등 내조자의 역할을 충실히 하였다.

김영삼·손명순 부부의 신혼 때 모습
(사진 출처: 중앙일보)

김영삼 대통령 임기 당시 사진
(사진 출처: 연합뉴스)

손 여사는 2남 3녀를 둔 다자녀 가정의 어머니이자, 남편과 정치 공동체의 중심에서 가정을 지켜낸 인물이다. 청와대에 입성한 이후에도 그는 조용하고 검소한 삶을 유지했다. 가족의 사생활 보호를 중시했고, 청와대 직원들을 배려하여 휴게실과 식당을 직접 챙기며 '돌보는 자'로서의 역할을 지속했다.

당시 영부인이라는 위치는 모든 것이 주목받는 자리였지만, 그는 전면에 나서기보다 '조용한 영향력'을 행사했다. 패션과 외모를 절제하고, 자녀들에

 김해여성인물사

게도 엄한 어머니로서 가정교육을 중시했던 그의 모습은 '집안의 중심으로서의 어머니상'을 잘 보여준다.

1951년 중매로 만나 한 달 만에 결혼
(사진 출처: MBN 뉴스)

김영삼 전 대통령과 손명순 여사 결혼식
(사진 출처: 포토뉴스)

⌇ 단식투쟁 시기 간호 및 역할

1983년, 5·18 광주 민주화 운동의 3주년 기념일을 앞두고 김영삼이 전두환 정권에 항의하여 가택 연금과 단식투쟁을 했을 때, 손 여사는 남편을 직접 간호하였고 단식 상황을 외신에 알리도록 돕는 등 그의 신변과 정치적 메시지를 지탱하는 데 중요한 역할을 했다.

⌇ 영부인의 역할과 행보

김영삼 씨는 1992년 대통령에 당선되었고, 1993년 2월 24일 취임함으로써 손명순 여사는 대한민국 제14대 영부인 역할을 맡게 된다. 그녀는 공식

대외 활동보다는 조용하고 전통적인 영부인의 모습을 지향하였고, 내조의 방식으로 많은 이들에게 기억된다.

＞ 대통령 부인 기간의 내조와 소탈함

대통령 임기 중, 손 여사는 청와대 수행원, 운전기사, 여성 직원들을 위한 휴게실과 식당 설치 등을 챙기며, 관계자들을 접대하고 돌보는 작은 배려들을 실천했다. 또한 패션이나 외모, 공식적인 의상 등에 있어서도 상표를 떼거나 겉으로 드러나는 호화나 사치적 요소를 제거하는 등 언론의 구설을 피해 가는 태도를 보였다.

"명순이가 예쁘고 좋아서 60년을 살았지" (사진 출처: 네이버 블로그)

손 여사는 결혼 후에도 남편을 '총재님', '각하'라고 불렀다는 일화로 유명하다. 이 사실은 단지 웃음거리가 아니라, 한국적 유교 문화에서 배우자가 서로를 대하는 방식, 그리고 부부간의 위계에 대한 상징적 장면으로 회자된다.

반대로 김영삼은 손 여사를 '맹순이'라고 부르며 친근하게 대했다. 이런 이중적인 호칭 구조는 그 시대 부부 문화의 상징이었고, 동시에 손 여사가 자신을 어떻게 규정했는지를 보여주는 한 단면이었다. 스스로를 낮추고, 상대를 높이는 겸손의 미덕은 전통 여성상에서 가장 중시되던 덕목 중 하나였다.

＼ 정치적 동반자의 역할

선거운동 및 야당 시절에 남편의 대권 도전 과정에도 손 여사는 뒤에서 지지와 조력자 역할을 했다. 예를 들어, 1992년 대선 후보 경선과 본선에서 지지자들을 만나거나 용단을 내려줘야 할 의원들을 설득하는 등의 활동이 있었고, 지지자들 앞에서는 겸손한 태도로 "부탁합니다"라는 인사로 사람들의 마음을 끌기도 했다.

손명순 여사는 대한민국 정치 격동기 한가운데서 남편 김영삼의 정치 여정을 말없이, 묵묵히 지지해왔다.

그는 남편이 단식 투쟁을 하던 1983년, 상도동 자택에서 그를 직접 간호했고, 외신에 상황을 알리는 조용한 노력으로 민주화 운동의 메시지를 확산시키는 데 기여했다. 이는 '보이지 않는 정치'였다. 공식적인 자리에는 나서지 않았지만, 그가 있어야만 가능한 정치적 순간들이 있었던 것이다.

⟩ 성격, 이미지 및 평가

손명순 여사의 평가에서 공통으로 나오는 키워드는 겸손, 조용함, 내조의 미덕, 정치적 곁을 지키는 동반자이다.

언론과 공공 여론에서는 그녀가 남편이 겪는 정치적 위기마다 뒤에서 심리적, 가정적으로 지지해 온 점이 높게 평가되며, 공개적인 발언을 자제하면서도 의미 있는 행동으로 보조했던 모습이 주목받는다.

또한, 손 여사는 국민과 언론으로부터 "구설 없는 영부인", "정치인의 배우자 중 본보기"라는 이미지가 있으며, 그녀의 삶과 행동이 민주주의 투쟁했던 한국 현대사 속에서 하나의 상징으로 인식되기도 한다.

⟩ 옷은 사람을 위해 존재하는 것

청와대 공식 행사, 외국 정상과의 만남, 여성계 주요 행사 등 손 여사가 참석한 자리는 단정하고 깔끔한 복장이 요구되는 자리였다.

하지만 손명순 여사는 값비싼 외제 브랜드나 유명 디자이너의 의상 대신, 국내 중소 브랜드 혹은 시중에서 흔히 구할 수 있는 옷들을 골랐다. 그가 중요하게 생각한 것은 '무엇을 입느냐'가 아니라, '어떻게 보이느냐'였기 때문이다.

실제로 그녀는 행사에 나가기 전 옷의 브랜드 라벨을 떼고 입곤 했다. 그 이유를 물었을 때, "사람이 옷을 입는 것이지, 옷이 사람을 드러내선 안 된다"라는 말을 남겼다는 증언이 있다.

그 말에는 외면의 화려함보다 내면의 태도와 품격이 중요하다는 그의 철학이 담겨 있었다. 1990년대는 경제 성장의 여운이 남아 있었고, 정치권 인사나 고위층 인사들의 소비 행태가 대중의 관심을 받던 시기였다. 그 속에서 손 여사의 단정하고 소박한 차림은 청와대 안팎에 신선한 울림을 주었다.

명품 브랜드를 고집하지 않았고, 스타일리스트를 고용하지도 않았다. 또 장신구도 최대한 자제했고, 화장도 거의 하지 않으며 있는 그대로의 모습을 드러냈다.

공적인 자리에 나서는 사람으로서 절제와 검소를 실천한 모습은, 보여주는 '퍼포먼스'가 아니라 국민에게 진심으로 본보기가 되려는 마음에서 비롯된 것이었다.

손 여사의 의복 선택은 단순한 사적인 취향이 아니라, 영부인으로서 국민과의 거리를 좁히려는 의도적인 행보였다. 당시 청와대 의전 담당자들은 손 여사에게 더 격식 있는 복장과 액세서리를 제안했지만, 그는 고개를 저으며 이렇게 말했다고 한다.

"내가 너무 화려하게 입으면, 같은 자리에 앉은 사람들이 위축되지 않겠습니까?"

이 한마디는 '권위를 내려놓는 태도'이자, '소통을 위한 진심'이 담긴 말이었다.

그녀는 옷차림 하나로도 상대방을 배려하고, 권력의 상징성을 무너뜨리는 리더십을 보여준 것이다.

손명순 여사가 남긴 이 조용한 일화는 단순히 '절약'의 문제가 아니다. 그것은 권력의 중심에 있었던 이가 보여준 겸손의 철학, 그리고 국민과 같은 눈높이에서 살고자 했던 노력의 상징이었다.

손명순 여사와 힐러리 클린턴 대통령 부인

(사진 출처: 연합뉴스)

자신이 입는 옷의 라벨을 떼고 입은 모습

(사진 출처: 월간조선)

라벨이 없는 옷이었던 만큼, 그녀는 어떤 특정한 브랜드의 이미지도, 과장된 표현도 없이 '대한민국의 어머니', '내조의 본보기'라는 이름으로 남았다.

그리고 이처럼 조용하고 담담한 삶이 오히려 더 큰 감동을 주었다는 것은, 우리가 품격과 리더십을 어디에서 찾아야 하는지를 다시금 일깨워준다.

〉현대 여성의 관점에서 본 손명순 여사의 삶

오늘날 여성의 사회 진출은 활발하고, 자기표현의 방식은 다양해졌다. 페미니즘과 젠더 담론 속에서 '전통적 여성상'은 종종 비판의 대상이 되기도 한다. 하지만 손명순 여사의 삶은 '전통적 역할을 선택한 여성'도 시대를 이끄는 리더가 될 수 있음을 보여준다.

그녀는 정치적 욕망을 가지지 않았고, 스포트라이트를 원하지 않았다. 그러나 그 선택이야말로 온 가족과 수많은 지지자의 마음을 하나로 묶고, 대통령의 리더십을 지탱하는 토대가 되었다. 이러한 삶은 단지 전통을 답습한 것이 아니라, 시대적 역할을 자각하고 자신만의 방식으로 책임진 내면적 리더십이었다. 손명순 여사의 삶은 현대 여성들에게 '전통과 현대 사이에서 조화를 이루는 삶'이 가능하다는 것을 말해준다.

⟩ 말년, 사망과 유산

2015년, 남편 김영삼 전 대통령이 별세한 이후 손명순 여사는 상노동 사택에서 생활하며 조용한 삶을 이어갔다.

건강은 점점 악화되었고, COVID-19로 인한 폐렴 등의 질환으로 병원 입원 및 치료를 반복하다가, 2024년 3월 7일 오후 서울 종로구 서울대학교병원 중환자실에서 숙환으로 향년 95세로 별세하였다. 장례는 가족장으로, 유족 및 정계 인사들이 참여하였고, 영결식 후 국립서울현충원 김영삼 전 대통령 묘역에 합장되었다.

╲ 손 여사가 남긴 유산

대한민국 현대 정치와 민주화 운동에서 배우자의 역할이 단순한 조력에 그치지 않고, 일정한 영향력을 가지며 정치적 정체성과 도덕적 지주가 될 수 있음을 보여주었다.

내조와 공적 활동의 간극 속에서 자신이 가진 위치를 과시하지 않으면서 소외된 이들에 관한 관심, 예의와 겸손한 삶의 자세가 존경받는 가치임을 체화하였다.

교육 중단 위기를 겪고 학업을 마친 것, 또한 가족을 돌보며 공적 역할의 그늘에 머무르면서도 남편의 정치 여정을 든든히 지지한 점은 정치인의 배우자로서 다음 세대에 본보기가 된다.

손명순 여사의 삶은 화려한 스포트라이트 속에 있지는 않았지만, 끊임없는 곁의 지지자로서, 조용하지만 강한 존재로서, 대한민국 민주주의의 한 축으로 역할 해 왔다. 그녀의 이야기는 단순히 영부인을 넘어서서, 정치적 파도 속에서도 중심을 잃지 않은 인간, 배우자, 어머니, 동지의 모습이다. 그녀의 삶을 통해 우리는 '보여주기 위한 역할'이 아니라 '지켜주는 역할', '말하지 않아도 전달되는 메시지'와 같은 내면의 신념과 일상 속 성실함의 값어치를 다시금 생각하게 된다.

집필 후기

금지은
김금수
변정원
이광희
류은주

1. 금지은(시인)

 매해 여름이 뜨거웠지만, 2025년 올해의 더위는 유난히 깊었다. 그 열기 속에서 지재당 강담운의 시에 숨어 있는 발화의 자취를 쫓아 산을 오르고, 들길을 지나며, 물길을 따라 걸었다.

 태종무열왕비 문명왕후 김문희에 대해서는 관련 기록을 찾아 고서를 뒤졌지만, 또렷한 흔적은 만나지 못하고 끝내 출생지가 경주라는 것을 알게 되어 아쉽게도 김해여성인물사에서 빠졌다.

 박외선 선생의 삶을 기록하기 위해 미국에 거주하는 선생의 아들 마종기 시인의 안내를 받아 서울 회화동의 연낙재를 찾았으나, 우리를 맞이한 것은 굳게 닫힌 문과 뜻밖의 책망이었다. 유족들이 기증했다는 자료는 확인할 수 없었으며, "왜 왔느냐"는 냉엄한 물음 앞에서 박외선 선생이 남긴 말, "무용수가 되기 전에 인간이 되라"라는 가르침을 다시 떠올릴 수밖에 없었다.

 그럼에도 이러한 여정 속에서 『김해여성인물사』 집필에 함께할 수 있었음은 큰 영광이었다. 이 길을 가능하게 해준 '김해인물연구회'에 깊은 감사를 드린다.

2. 김금수(개락당_{皆樂堂} 대표)

  앞서 살아간 사람의 삶을 글로 옮기는 과정은 단순히 역사적 사실을 기술하는 것만이 아니라 한 인간의 삶을 따라가는 과정이었다.

  그들은 시대를 대표하는 영웅적 인물이지만, 그 위대한 서사보다 더 나의 마음을 움직였던 것은 그들도 우리와 같은 평범한 사람이었다는 사실이다. 두려움 속에서도 한 걸음을 내디딘 용기, 사랑하는 사람들과 헤어지는 슬픔, 두려움에 지새웠을 긴 밤, 끝내 이루지 못했을지도 모르는 꿈 등, 그 삶은 우리네의 것과 다를 바 없었다.

  글을 쓰면서 이들에 대해 나는 적어도 잊지 않겠다고 마음먹었다. 기억한다는 것은 단순히 머릿속에 담는 일이 아니라 그들의 고통 앞에서 잠시 침묵하고, 그들의 선택 앞에서 스스로를 되돌아보는 일이다. 그들의 삶을 기록하는 이 일련의 과정이 우리 지역의 공동체 기억을 회복하고 풍성하게 만드는 일이 되기를 희망한다.

3. 변정원(아동문학가, 김해여성복지회관 관장)

『김해여성인물사』 집필에 참여하게 된 것은 무척 뜻깊은 시간이었습니다. 오랜 시간 지역 사회 속에서 묵묵히 자신의 자리를 지키며 살아온 여성들의 삶을 기록하고 조명하는 과정은, 단순한 역사 서술을 넘어선 깊은 울림과 감동의 시간이었습니다.

그동안 역사 속에서 상대적으로 덜 주목받았던 '여성'의 발자취를 되짚어보면서, 혼자의 생각이 아닌 여러 작가와의 토론으로 좀 더 사실에 가까운 기록을 남기고자 애썼던 흔적이 독자들에게 전달되기를 바랍니다.

앞서가신 그들의 삶이 지역의 역사가 되어 정체성을 풍성하게 만들어 주심에 경의를 표하며, 이 작업이 단지 과거의 인물을 기록하는 데 그치지 않고, 현재를 살아가는 이들과 미래 세대에게 의미 있는 기록으로 남기를 바랍니다. 후대의 독자들이 이 책을 통해 자신이 딛고 선 땅의 역사 속에 어떤 여성들이 존재했는지를 알고, 그들의 용기와 지혜를 통해 스스로의 삶을 더욱 주체적으로 그려나갈 수 있기를 진심으로 기대합니다.

4. 이광희(김해독립운동연구소장)

　먼저 김해여성인물의 역사를 결집하는 기획으로 참여의 기회를 준 '김해인물연구회'와 관계자분들께 깊이 감사를 드린다. 이 책을 통해서 김해의 여성 인물들이 역사 속에서 되살아나 시민들 앞에 나서게 되었고, 시민들과 함께 시대를 호흡하고 대화할 기회를 가진 것이라 무엇보다 반갑고 기쁘다.

　특히 이 책의 저술 작업이 집단지성을 통해 이루어졌다는 데에 더 큰 의의를 갖는다. 집필자를 비롯한 조사자, 교정에 참여하는 분들까지도 공동의 작품을 만들어내기 위하여 한자리에 모여서 뜻을 개진하고 토론하며 '김해인물연구회' 회원들이 함께 작업하여 만들어진 귀중한 성과물이라 생각한다.

　본 필자는 역사의 과정에서 치열하게 자신을 내던진 분들을 선택하고자 노력하였다. 물론 공동작업이라 나의 마음대로 되는 것이 아니라서 토론 과정에서 적극적인 의견을 개진한 결과라고 생각한다. 배정자는 역사를 더럽힌 자로서 진실을 규명해 놓고자 한 의도였지만 우봉운, 김필수, 김필애, 노옥희 네 분은 우리나라의 근현대사의 질곡을 온몸을 내던져 헤쳐나온 분들이다. 다 내던지면 다 돌아오며, 다 비우면 다 채워지는 우주와 역사의 진리를 온몸으로 실천한 분들이라 의미심장하게 생각한다. 역사와 민족과 진실을 위해 자신을 내던진 분들께 진심으로 감사드린다.

5. 류은주(『김해여성인물사』 발간 총괄책임, 예술치료사)

처음 『김해여성인물사』 책 발간에 관한 이야기를 들었을 때는 구태여 여성을 별도로 구분하여 다루는 작업이 필요할까 하는 의구심이 들기도 했다.

5명의 작가진이 구성되고, 여섯 번의 온라인, 네 번의 오프라인 회의를 가졌다. 19명의 인물에 대해 그 특징과 주요 업적을 논의하면서 가장 중점적으로 살펴본 부분은 '여성 인물사'에 올라야 하는 이유가 무엇인가? 하는 이번 책의 발간 목적과 의의였다. 통일신라 첫 왕비인 문명왕후 김문희가 경주 출생으로 밝혀짐에 따라, 최종적으로는 18명이 『김해여성인물사』에 이름을 올렸다.

한때 여리고 나약함의 표상으로 여겨지던 '여자의 일생'을 마주하면서, 그들의 삶이 얼마나 강인하고 주체적일 수 있는지 똑똑히 보았다. 뿌리 깊은 유교적 가부장제는 여성의 목소리가 가정의 담벼락을 넘는 것을 원하지 않았다. 아직도 시대의 제약과 여성 억압의 잔재는 현재를 살아가는 세대 속에 남아 공존하고 있다. 현대에 이르러서는 여성의 사회 참여와 함께 성별 간의 갈등과 역할에 대한 혼란 또한 가중되었다.

『김해여성인물사』는 단순히 과거의 인물을 기록하는 것을 넘어, 여성으로서 자신의 삶에 당당하고 주체적인 목소리를 낸다는 것이 어떤 의미인지를 현시대에 되묻는다. 김해의 역사 속에서 묵묵히, 때로는 과감하게 자신의 길을 개척해 나간 이 강인한 여성들의 목소리를 기꺼이, 담장 넘어, 이 시대에 전하고자 한다.

김해의 역사 인물을 찾아내고 시민에게 알리고자 2018년부터 노력하고 있는 김해인물연구회의 활동에 감사한다. 그리고 뜻한바 꼭 실행하시는 본회 김지관 회장님의 노고와 의지 덕분에 이번 『김해여성인물사』 편찬도 가능했기에 존경을 표한다!

『김해여성인물사』 집필의 전체 진행을 맡으면서, 전문 작가가 아닌 회원으로 구성된 작가진을 꾸리자는 의견을 낸 것이 본인이긴 하지만 한 치 앞도 예견할 수 없는 불안함을 안고 시작했다. 결국, 중간에 작가진이 바뀌는 고난도 있었다. 그러나 최선을 다해 맡은 인물을 조사하고, 애정을 갖고 각 여성 인물들의 일생을 담아내 준 집필진의 노고는, 18명의 김해여성 인물의 일생 못지않은 감동을 안겼다. 화요일 밤마다 10시의 온라인 회의는 물론, 울산, 서울을 마다 않고 답사를 다녀오고, 갈 수 없는 미국에는 이메일로 소통하고. 함께 해 주신 작가님들께 진심으로 감사드린다!

2년여 전에 『강진여성인물사』가 우리 손에 들어오면서 막연히 꾸던 꿈,

2025년 올해 4월부터 본격적인 작업에 들어갔다. 나를 비롯한 5명의 작가진 외에도 18명의 인물을 위해 사전 조사 및 글을 제공한 회원들과 시민들도 이 책의 집필에 함께했음을 밝힌다. 김지관(김해인물연구회 회장), 박은희(김해시 의원), 박현주(북 칼럼리스트), 유행두(아동작가), 이홍숙(문학박사), 임혜수(한뫼책방 독서모임 총무), 조상훈(강산문화연구원 원장)님, 고맙습니다! 작가진의 원고 초안이 나오면 오타 및 내용 검증을 일일이 확인해 준 본회 김수호 님과 원활한 교정을 위해 다방면으로 도움 준 신현승(김해시민언론단장)님을 비롯하여 모든 회원분들께도 감사의 마음을 전한다. 『김해여성인물사』가 김해 시민의 또 다른 자긍심으로 손꼽히길 바란다.

참고 문헌 및 출처

【 참고 문헌 및 출처 】

1. 조순남

- 경남신문, 「행방 묘연한 조순남 여사 '내방가사'」, 2019. 6. 3.

- 연합뉴스, 「김해 '만세운동 내방가사' 공공기록물 기증 1호 된다」, 2019. 7. 1.

- 연합뉴스, 「100년 전 '만세운동' 희귀기록…너무 허술하게 방치됐다」, 2019. 7. 1.

- 이홍숙, 「〈내방가사〉 저자 조순남 여사와 기록의 가치」, 김해일보

- 이홍숙·주해서, 「조순남의 내방가사 '김승태 만세운동'」, 김해문화원, 2022.

2. 우봉운

- 김경일 외, 「한국근대 여성 32인의 초상」, 한국학중앙연구원 출판부, 2014.

- 박용옥, 「한국여성항일운동사연구」, 지식산업사, 1996.

- 김광식, 「조선불교여자청년회의 창립과 변천」, 「한국근현대사연구」 7, 한국근현대사연구회, 1997.

- 이임하, 「일제에 맞선 페미니스트」 철수와영희, 2023.

- 신영숙, 「한국여성인물사전 100. 우봉운(禹鳳雲)」, 이투데이, 2017.

- 한국민족문화대백과

- 법보신문

- 보랏빛 불교 티스토리(savatthi.tistory.com)

3. 김필애

- 김해뉴스

- 3·1여성동지회, 『한국여성독립운동사』, 1980.

- 박용옥, 「1920년대초항일부녀단체지도층형성(1920年代初抗日婦女團體指導層
  形成)과 사상(思想)」, 『역사학보(歷史學報)』 69, 1976.

- 『독립신문(獨立新聞)』

- 『매일신보(每日申報)』

- 『동아일보(東亞日報)』

- 김정명(金正明) 편, 『朝鮮獨立運動』I 分冊, 原書房, 1967.

- 한국민족문화대백과, 한국학중앙연구원

- 경남일보

- 위키백과

- 삼일문화상 관련 자료

4. 구명순

- 국가기록포털, 「구명순 판결문」

- 이화여자대학교 의료원, 「한국인 첫 여성 약제사들」

- 배병욱, 「김해군 장유면 3.1운동과 지역민들의 만세후」(논문)

- 디지털김해문화대전, 「구명순」 편

- 조나리, 「김해의 딸 구명순, 김필애 100년 만에 발굴되다」, 김해뉴스

- 박준언, 「특별기획 경남의 3.1독립운동 김해 편」, 경남일보
- 유행두·강길수, 『김해인물이야기 3』

5. 김복선

- 이상규, 「부산일신학교에서의 만세운동」, 한국기독신문
- 이윤옥, 「부산 3.1운동의 주역 김반수 지사의 발자취를 찾아서」, 오마이뉴스
- 독립기념관 한국독립운동사연구소, 「김복선」 편
- 디지털부산역사문화대전, 「부산진일신여학교」 편
- 유튜브, 「나의 독립영웅, 부산일신여학교」
- 유행두·강길수, 『김해인물이야기 3』
- 이윤옥, 『여성독립운동가 300인 인물사전』

6. 김필수

- 김호웅, 『이 세상 사람들 모두 형제여라 교육가 림민호 평전』, 재외동포재단, 2008.
- 국가보훈부, 독립 유공자 공적정보
- 강만길·성대경 엮음, 『사회주의운동인명사전』, 1996, 142면

7. 강담운

- 강담운 지음, 이성혜 번역, 배차산 교정, 『그대, 그리움을 아는가』

8. 김록주

- 김석배, 「김해김록주 명창 연구」

- 김석배, 「경상도 지역 판소리 문화」

- 정노식, 『조선창극사』

- 박황, 『판소리소사』

- 송방송, 『한겨레 음악대사전』

- 디지털김해문화대전, 「김록주」 편

- 한국민족문화대백과사전, 「송만갑」 편

9. 박외선

- 유튜브, 「1945년 이전의 외국무용의 현황 – '97 한국의 춤, 세계의 춤」

- 유튜브, 「1945년 이전의 외국무용의 현황 – 박외선」

- 자료 제공: 마종기 시인

- 네이버 및 언론 보도자료

- 이육사, 「무희의 봄을 찾아서」, 『이육사의 시와 산문』 중

- 한상훈, 「한국 현대무용의 산파 / 마종기 시인의 어머니 박외선」, 블로그 글

10. 허황옥

- 일연, 『삼국유사(三國遺事)』 「가락국기(駕洛國記)」

- 『김해읍지』, 김해문화원

- 김해여성복지회관, 허황옥실버문화축제 자료

- 허황옥 기념사업회 편, 『허황옥, 가야를 품다』, 김해문화재단, 2015.

- 김병모, 「가야와 인도, 허황옥 신행길의 역사적 재조명」, 고려사이버대학교 특강

- 문화재청 국가유산포털, 「김해 수로왕비릉(사적 제74호)」, 「파사석탑(경남문화
  재자료 제227호)」 관련 기록

- 조선일보 프리미엄, 「허황옥, 바다를 건너온 여왕」 역사 시리즈, 2021.

- 연합뉴스, 「허황옥 신행길 복원 및 지역축제 추진」, 지역 뉴스, 2020.

- 국립김해박물관. 『가야의 왕비들: 수로왕비 허황옥과 왕후들』, 특별전 도록,
  2018.

- 이도학, 「고대 가야 여성의 사회적 지위에 대한 고찰」, 『한국고대사연구』 제30
  호, 한국고대사학회, 2011.

- 국가유산포털, 나무위키 관련 항목

11. 백파선

- 김선미, 「백파선 연구: 여성 도공으로서의 의미를 중심으로」(논문)

- 후카우미 쇼덴 홈페이지

- 상동 백파선 쉼터, 백파선 홍보 유인물

- 김해시청, 백파선 일대기 홍보 동영상

- 김해시청, 「김해 출신 여류 도공 백파선」 관련 자료

- 김용락, 김해문화관광재단 웹진 기사

- 김선미, 여성신문 기사

 김해여성인물사

12. 변진수

- 김해여성복지회, 『김해여성복지회관 10·20·35년사(1982-2017)』
- 문병조, 『노을을 바라보며』, 2018.
- 김해뉴스, 『김해인물열전』, 2015.
- 김해시청, 「김해 인물 소개 – 변진수」, 김해시 공식 웹페이지
- 경남신문, 「김해여성복지회관 준공 기사」, 1982. 5. 27.
- 경남도민일보, 「김해 여성운동의 큰 어른, 변진수 여사 별세」, 2006. 8. 8.
- 김해뉴스, 「김해여성복지회관 35주년 기획 취재」, 2017.
- 나갑순(가야여성문학회 전 회장, 김해여성복지회관 이사) 구술, 2015-2023.
- 장정임(4대 관장) 인터뷰, 김해여성복지회관 기록보관실, 2012.
- 변정원(7대 관장) 인터뷰, 김해뉴스, 2023.

13. 백영옥

- 백영옥, 『그래도 봄은 오는데』, 밥북
- 대법원, 「12·12 및 5·18 사건」 판결문, 1997.
- 유행두·강길수, 『해동이가 전하는 김해인물 이야기』, 밥북

14. 박문숙

- 모란공원사람들, 「민주화의 어머니 박문숙」

- (사)김병곤박문숙기념사업회, 자료실(추모자료 외)
- 김현서, 『김병곤 평전』
- 민주화운동기념사업회, 「박문숙」 편
- 최경환, 「24년 만에 다시 만나는 두 영혼, 명복을 빕니다」, 오마이뉴스
- 조명자, 「박문숙 선생 10주기 기리는 동지의 글」, 한겨레
- 최윤필, 「헌신이 무엇인가 알고 싶다면 이 사람을 보라」, 한국일보
- ChatGPT, Gemini AI 검색 결과(박문숙 관련)

15. 노옥희

- 노옥희, 『이제 다시 시작이다』, 폴리테이아, 2011.
- 사진 제공: 노옥희재단

16. 배정자

- 배정자 구술, 윤병철 정리, 『배정자 실기』, 『신동아』 1966년 2월호에 발표(원고는 1927년)
- 친일반민족행위진상규명위원회, 『친일반민족행위진상규명 보고서』 Ⅳ-7: 친일반민족행위자 결정이유서, 현대문화사, 2009.
- 劉佳穎, 「배정자실기의 서사전략연구」 성균관대학교 일반대학원 석사학위논문, 2022.
- 나무위키, 「친일파 708인의 명단」

- 민족문제연구소, 「친일인명사전」

- 나무위키, 「대한민국 정부 발표 친일반민족행위자 명단」

17. 김영명

- 부산일보, 「또 하나의 학살, 10년 만에 터진 진영 일대의 참사」, 1960. 5. 25.

- 경남도민일보, 「[국회증언으로 본 양민학살 3] 김해 진영 편」, 2001. 5. 21.

- 경남일보, 「김해보도연맹사건 희생자 恨 풀릴까」, 2014. 10. 15.

- 오마이뉴스, 「생매장한 사람 발이 '꿈틀'하자… 전쟁통 경찰지서장의 악행」, 2020. 10. 31.

- 한성훈, 「진영지역 학살과 진실 규명」, 2011.

- 김기진, ≪국민보도연맹≫, 김해/진영 양민학살사건 관련 부분

- 무명씨 블로그, 「보련학살연구-경남부산울산」

- 진실·화해를위한과거사정리위원회, 『신실화해규명위원회 보고서』 3권, 집단희생 - 김해 국민보도연맹 사건 제2부

18. 손명순

- 세계일보 기사

- 한겨레 기사

- 한국경제 기사

- 세계경제 기사

- 데일리안 기사

- 파이낸셜뉴스(경제신문) 기사

- 포토뉴스 기사

김해여성인물사

펴낸날 2025년 12월 20일

지은이 금지은, 김금수, 류은주, 변정원, 이광희
엮음 김해인물연구회
펴낸이 주계수 | **편집책임** 이슬기
교정 편집 강병규 | **꾸민이** 최송아

펴낸곳 밥북 | **출판등록** 제 2014-000085 호
주소 서울특별시 마포구 양화로 156 LG팰리스빌딩 917호
전화 02-6925-0370 | **팩스** 02-6925-0380
홈페이지 www.bobbook.co.kr | **이메일** bobbook@hanmail.net

© 금지은·김금수·류은주·변정원·이광희, 2025.
ISBN 979-11-7223-128-6 (03990)

※ 이 책은 저작권법에 따라 보호받는 저작물이므로 무단전재와 복제를 금합니다.
※ 이 책은 2025 김해바로알기 사업 일환으로 제작되었습니다.